U0919035

DRC 丛书主编·李 伟

国务院发展研究中心研究丛书2013

完善城镇化进程中的社会政策

Improving Social Policies in the Process of Urbanization

王列军 等◎著

中国发展出版社
CHINA DEVELOPMENT PRESS

图书在版编目（CIP）数据

完善城镇化进程中的社会政策/王列军等著．—北京：中国发展出版社，2013.6

（国务院发展研究中心研究丛书/李伟主编．2013）

ISBN 978-7-80234-961-2

Ⅰ.①完… Ⅱ.①王… Ⅲ.①城市化—社会政策—研究—中国
Ⅳ.①F299.21

中国版本图书馆 CIP 数据核字（2013）第 124307 号

书　　名：完善城镇化进程中的社会政策
著作责任者：王列军等
出 版 发 行：中国发展出版社
（北京市西城区百万庄大街 16 号 8 层　100037）
标 准 书 号：ISBN 978-7-80234-961-2
经　销　者：各地新华书店
印　刷　者：北京科信印刷有限公司
开　　本：700mm×1000mm　1/16
印　　张：12.5
字　　数：148 千字
版　　次：2013 年 6 月第 1 版
印　　次：2013 年 6 月第 1 次印刷
定　　价：32.00 元

联 系 电 话：（010）68990630　68990692
购 书 热 线：（010）68990682　68990686
网 络 订 购：http：//zgfzcbs.tmall.com//
网 购 电 话：（010）88333349　68990639
本 社 网 址：http：//www.develpress.com.cn
电 子 邮 件：bianjibu16@vip.sohu.com

DRC

2013
国务院发展研究中心研究丛书
编委会

“完善城镇化进程中的社会政策”
课题组

课题负责人

葛延风　国务院发展研究中心社会发展研究部部长，研究员

林家彬　国务院发展研究中心社会发展研究部巡视员，研究员

执行负责人

王列军　国务院发展研究中心社会发展研究部第一研究室主任，副研究员

课题组成员

贡　森　国务院发展研究中心社会发展研究部副部长，研究员

丁宁宁　国务院发展研究中心社会发展研究部研究员

苏　杨　国务院发展研究中心社会发展研究部第三研究室主任，研究员

佘　宇　国务院发展研究中心社会发展研究部第三研究室副主任，助理研究员

张佳慧　国务院发展研究中心社会发展研究部副研究员

喻　东　国务院发展研究中心社会发展研究部助理研究员

张冰子　国务院发展研究中心社会发展研究部助理研究员

总 序

深化体制改革 促进转型发展

国务院发展研究中心主任 李伟

党的十八大提出了到2020年全面建成小康社会的宏伟目标。届时，按不变价计算，城乡居民收入水平比2010年实现倍增。要实现这一宏伟目标，到2020年前，我国GDP年均增长速度需要略高于7%。如何在转变发展方式的基础上保持经济较快增长，实现全面建成小康社会的宏伟目标，对我们的工作提出了新的要求。

未来中国经济发展面临着全新的国际环境。全球金融危机爆发后，世界经济进入了大调整大转型时期。发达经济体难以在短期内恢复高速增长，世界经济进入低速增长新阶段。全球性产能过剩问题加剧，国际市场竞争更加激烈，贸易投资保护主义有所抬头。区域贸易安排取代多边贸易体系，成为贸易投资自由化的主要形式，发达国家正按照自身利益酝酿新的贸易投资规则。三大主要经济体同时采取宽松的货币政策，导致全球性流动性过剩，对国际资本流动、全球金融市场的稳定均产生巨大影响。能源供求结构与格局深刻变化。主要发达经济体在救助金融危机和刺激经济的同时，实施“再制造业化”战略，重视新兴产业发展，推动经济加速转型。国际环境的变化，蕴含着新的机遇与挑战，战略机遇期的内涵与条件发生了重要变化。

中国经济发展进入了新阶段。我国已经进入了中等收入国家的行列，潜在经济增长率将出现下降，经济增长动力正处于转换之中。我国比较优势也在发生深刻变化，以往支撑我国参与国际分工与竞争的低成本劳动力优势正在快速削弱，劳动密集型产品在国际市场上面临着日益激烈的挑战。

转变发展方式刻不容缓。依靠要素投入驱动的经济发展方式难以为继，不平衡、不协调、不可持续的矛盾日益尖锐。经济结构不合理的问题日益严重，影响社会和谐稳定的矛盾更加突出，产能过剩、房地产泡沫、地方融资平台蕴含的金融风险等问题不可忽视。年初华北地区大面积持续的雾霾天气，不仅突显了资源环境问题的严重性，更反映了转变发展方式的紧迫性。

既要转变发展方式，又要保持经济稳定增长，唯一的出路是深化体制改革。体制机制是决定经济发展方式的根本因素，老的体制机制决定了老的发展方式。要转变发展方式，必须要有一套新的体制机制，否则，转变发展方式只能是纸上谈兵。除此之外，抓住新的发展机遇，释放经济增长的潜力，同样需要进一步深化改革。

深化改革要坚持不断完善社会主义市场经济体制。深化改革的关键是处理好政府与市场、政府与社会的关系，要尽可能把市场与社会可以自行承担的职能交给市场和社会，要用体制机制用好、管好政府这只“看得见的手”，充分尊重市场这只“看不见的手”，真正发挥市场机制在资源配置中的基础性作用。

改革进入深水区，需要我们用极大的智慧与勇气推进改革。各种体制盘根错节，相互影响，牵一发而动全身，改革不能零打碎敲，必须做好改革的顶层设计，系统化推进。

国务院发展研究中心是直接为党中央国务院决策服务的政策研究咨询机构。我们始终坚持围绕中心、服务大局的方向，开展政策研究，将战略性、综合性、全局性和前瞻性的重大战略问题研究与对经济社会发展中的热点、难点、焦点问题研究有机结合，力争为党中央国务院决策提供“管用”的政策建议与解决方案。

2013 年的“国务院发展研究中心研究丛书”共包括 16 本著作，是过去一两年我中心部分政策研究成果。《改革攻坚（上）——改革的重点领域与推进机制研究》和《改革攻坚（下）——推进经济体制重点领域改革研究》是对下一步经济体制改革的总体设计，是我中心重大课题研究成果。丛书中还收录了对特定领域改革的研究成果，如《稳定与完善农村基本经营制度研究》《利率市场化改革研究》。关于转型发展方面的研究成果则包括：《中国制造业创新与升级——路径、机制与政策》《中国企业转型发展调查研究》《要素成本上涨对中国制造业的影响及相关政策研究》《大调整时代的世界经济》《全球农业战略：基于全球视野的中国粮食安全框架》《完善城镇化进程中的社会政策》《人口倒挂地区社会管理研究》等。针对经济社会发展中的热点问题，丛书重点收录了建立房地产市场调控长效机制的研究成果，包括《中国住房市场：调控与政策》《土地供应制度对房地产市场影响研究》。另外，丛书还收录了关于经济社会发展中一些新趋势、新问题的研究，如《中国云计算应用的经济效应与战略对策》《中国场外股权交易市场：发展与创新》《中国中长期负债能力与系统性风险研究》。

我们正在着力建设“一流智库”，不断提高政策研究的水平与质量。尽管如此，从书中收录的研究成果，可能还存在种种不足，希望读者朋友不吝赐教，提出宝贵意见与建议，帮助我们不断改进。我衷心希望，社会各界都能够关心支持政策研究与咨询工作，为实现中华民族伟大复兴的“中国梦”，不断作出新贡献。

2013 年 6 月 3 日

内容提要

Introduction

我国的城镇化是在非常不同于西方国家的历史背景下发生的：人口增长先于工业化；城市发展具有强大的行政干预传统；计划经济时期形成了城乡二元体制。这些背景和特点决定了我国的城市化是一个充满挑战的、复杂的过程。

近30年在伴随巨大规模人口流动的快速城镇化过程中，我国实现了较快的国民收入增长并总体保持了社会稳定，是一项非常了不起的成就。但同时也出现了不少社会问题，社会政策也有得有失。与先行城镇化国家相比，限制人口迁移是我国社会政策的一个重要特征，并对城镇化进程和格局产生了重要影响。当前我国城镇化进程中面临的主要社会问题包括流动人口在流入地难以享有平等的社会权利，少数大城市的“大城市病”问题日益突出，农村人口在城市化过程中的权益没有得到充分保护等。这些问题的产生有各自的复杂原因，但共同且最为重要的体制性原因包括福利筹资的高度分权化、城市的层级制导致各种资源过度向高层级城市集中。

调整完善我国城镇化进程中的社会政策应遵循的基本思路是：以进一步消除人口流动的制度障碍为重点；以就业为中心调整完善其他社会政策；公共服务体系布局调整要适应城镇化进程，既保障需求，又避免发生浪费。

我们提出的综合性政策建议有两条：一是改革福利筹资体制，提高中央和省级政府的支出比重。这既能促进流动人口社会权利的实现，同时也有利于区域间基本公共服务的均等化；二是以“阶梯式赋权”方式推进大城市户籍制度改革，中央政府设定流动人口获得当地完全权利的最高条件。

分领域的政策建议包括：就业方面，人口城镇化的推进要坚持以就业为基础；促进劳动者人力资本的提升并重视通用技能的学习培训，增强人们在城市长期立足的能力。社会保障方面，进一步扩大劳动者的社会保障覆盖面，同时增强社会保障权益的可携带性；加快推进社会保障项目的整合和统筹层次的提高；调整社会保障项目设计，鼓励就业而不是享受救济。教育权利方面，落实流动人口子女义务教育权利，用更加灵活的方式承担义务教育服务提供责任；解决异地高考问题较为复杂，需要与高考制度改革相结合。住房保障方面，要对城市低收入群体现有居住格局保持宽容，审慎推进“城中村”改造；在政策上鼓励企业为进城务工人员提供符合政府质量标准、入住条件的宿舍，将达到一定就业和社保缴费年限的流动人口纳入当地住房保障体系。

目　录
Contents

总报告

调整完善城镇化进程中的社会政策

导言　我国城镇化的历史背景和特点

我国的城镇化是在非常不同于西方国家的历史背景下发生的，具有自身鲜明的特点。

第一，人口增长先于工业化，工业化和城镇化“挤压式”推进。西方国家人口是随着工业化过程而增长的，而中国的人口增长则先于工业化。18 世纪我国就出现了显著的人口膨胀，18 世纪末人口超过了 3 亿。而到 20 世纪 50 年代初，工业化启动的时候，人口已经超过了 6 亿，人口规模远远超过当时已经完成工业化和城镇化的国家。不仅如此，我国的工业化和城镇化还是以高度“挤压”的方式追赶推进的，在几十年的时间内，完成先行国家一两百年的历程。这使得我国在工业化初期，就面临西方后工业社会才遇到的种种问题。

第二，城市发展具有强大的行政干预传统。中国具有悠久的城市文明，也具有最悠久的官僚制和中央集权传统。古代城市主要是作为权力中心存在的，作为管理地域辽阔的国家的中枢，国家权力、财富和文明一直集中于城市。城市从一开始就受到行政力量的强大干预，这种影响一直持续至今。当前，城市的设立、产业的选择、城市布局、人口规模、土地经营都受到政府较强干预。同时，城市体系是按行政层级关系组织起来的。相比之下，欧洲城市的发展远晚于中国，其鲜明特征是以贸易和商业立市，商业对城市的影响要强大得多。没有帝王限制私有产权，自治城市和新兴的资本主义一起成长①，城市发展相对独立。

第三，计划经济时期形成的城乡二元体制对城镇化产生了深远的负面影响。我国在计划经济时期形成了城乡二元体制，城乡居民的权利严重不平等。特别是工业化和城镇化启动初期只针对当时仅占全国人口10%左右的城镇人口建立了全面的福利体系，并不断自我强化。这种路径导致了后来对农村移民的福利歧视，成为至今仍然没有解决的棘手难题。而西方国家全面的福利体系是在二战后即城镇化基本完成之后建立的，虽然城镇化过程中转移到工业和城市的人口缺乏社会保护，处境也十分悲惨②，但之后建立的福利体系是覆盖全民的。

上述历史背景和特点决定了我国的城镇化是一个充满挑战的、复杂的过程。特别是20世纪80年代中期以来，城镇化加速，发生了世界历史上最大规模的农村向城市的人口流动。在这一过程中，我国实现了较快的国民收入增长，并在总体上保持了社会稳定。从世界范围来看，特别是与其他发展中国家相比，这是一项非常了不起的成就，也为全球的减贫与人类发展做出了重大贡献。但在这一过程中，确实也出现了很多社

---

① 参见乔尔·科特金（Joel Kotkin）：《全球城市史》第十章“欧洲的城市复兴”，社会科学文献出版社2010年版。

② 英国工业化和城市化初期，人口和产业活动迅速集聚，工人居住在工厂周边拥挤的房屋里，而城市缺少必要的供水、污水和垃圾处理等基础设施，加上当时医疗技术水平有限，导致了严重的环境污染和致命传染病的流行。19世纪30～60年代，流行性霍乱三次席卷英国造成大量人口死亡。1841年英格兰和威尔士的平均预期寿命为41岁，利物浦只有26岁，曼彻斯特仅24岁。参见仇保兴：《笃行与变革：国内外城市化主要经验教训与中国城市规划变革》，中国建筑工业出版社2012年版，第33页。

会问题，其间的社会政策也有得有失。本报告将在回顾分析我国城镇化过程中出现的社会问题及其原因的基础上，提出调整完善社会政策的基本思路，以促进健康、包容的城市化。

一、我国城镇化进程中的人口迁移政策与人口流动

城镇化是人口集聚和经济集聚相互加强的一个过程。绝大多数先行城镇化国家在国家内部都实行人口自由迁移政策。而我国自20世纪50年代初全面启动工业化后不久，形成了严格控制人口流动的迁移政策，直至80年代以后才逐渐放松限制。我国独特的人口迁移政策对城镇化进程产生了深远影响。

（一）改革开放之前的人口迁移政策及其影响

1. 建国初期的人口自由迁移政策与重工业优先发展战略发生冲突，导致了严格控制人口流动的户籍制度的形成

1949年我国的城镇化率仅为10.6%，是一个名副其实的农业大国。经过几年的战后恢复，于1953年开始第一个五年计划，启动了重工业优先发展的工业化。“一五”计划期间（1953~1957年），国民收入平均增长率达到了8.9%[①]。经济的快速恢复与增长，创造了很多就业机会，吸引了大量农村人口迁入城市。当时的户籍管理延续了新中国成立前的做法，人口迁移需要登记，但并不控制迁移，只要履行手续，一般都能获

① 数据引自〔美〕R. 麦克法夸尔、费正清编：《剑桥中华人民共和国史（上卷）》，中国社会科学出版社1990年版，第141页。

得城市户口。由于1958年开始的大跃进对劳动力的需求迅速增加，农村到城市的大规模人口迁移趋势一直延续到1960年。1949～1960年期间，城镇人口年均增长速度达到了7.73%，是迄今为止城镇人口增速最快的时期，城镇化率的年均增速也达到了0.83%（参见图1），1957年城镇化率迅速跃升至15.38%，1960年更是达到了19.75%。

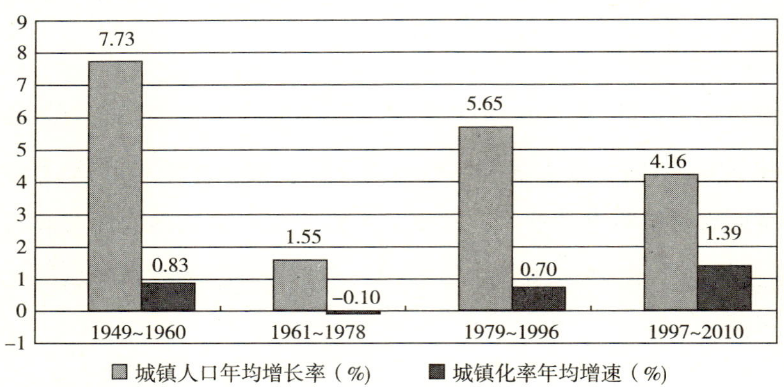

图1　不同时期中国城镇化速度对比

数据来源：根据《新中国六十年统计资料汇编（1949～2008）》及《中国统计年鉴》（2009，2010，2011）计算。

然而，在重工业优先发展的赶超战略下，上述城镇化进程注定无法持续。在当时的条件下，农业成为重工业所需积累的主要来源，而资金从农业到重工业的转移是以压低农产品价格实现的。农产品价格的人为扭曲降低了农民的生产积极性，造成了农产品供给和需求之间的不平衡，也产生更大推力驱使农民进城寻找工作。在粮食短缺的背景下，从1953年开始，政府采取对粮食统一收购和定量供应的方法来保障工业和城市对粮食的需求，并适当加快农业合作化的步伐。而当时大量农村人口进城，在决策层看来不仅不利于稳定农村粮食生产，也加大了城市粮食供给压力，因此必须控制农村人口进城。1953～1957年，国务院连续数次发出关于劝止农村人口盲目流入城市的指示，但作用不是很大。为了使得限制农民进城更有强制基础，终于在1958年制订了《中华人民共和国户口登记条例》，标志着严格控制人口迁移的户籍制度全面建立。该条例除了详细规定公民应进行各项基本情况的户口登记外，其中第十条规定，“公民由农村迁往城市，必须持有城市劳动部门的录用证明，学校的录取证明，或者城市户口登记机关的准予迁入的证明，向常驻地户口登记机关申请办理迁出手续。”这一规定以法律形式把限制农民迁往城市的制度固定下来。从此，农民只能以招工、上大学、当兵等有限且概率极低的途径进城落户。这种严格限制农村人口向城市流动的局面一直持续到20世纪80年代中期。但《户口登记条例》颁布后并没有立即遏制住迁移趋势，在1960年之前，每年仍有较大规模的迁移。大跃进失败以及紧接着的1959~1961年三年困难时期成为我国城镇化进程的重要转折点。当时国家关闭了在城市的好几万建筑和工业企事业单位，强制遣返了2000多万在城市中居住的农业人口①。之后我国的经济增长一直较为缓慢，城市的就业机会十分有限，且户籍制度严格控制农村人口进城市。1961~1978年间，城镇人口年均增长率回落到了1.55%，城镇化率在这一时期则是下降的，从1961年的19.29%下降到1978年的17.92%。

因此，计划经济时期我国城镇化的迟滞，实质上是重工业优先发展战略实施的必然结果。严格控制人口迁移的户籍制度的形成和实施只是这一发展战略的结果。从决策层的意图来看，严格控制人口迁移的一个重要目标就是保证就业增长与人口进城的同步。然而即使从保证就业角度来看，控制人口迁移的政策也是过紧的，但在客观上确实也可能避免

---

① 参见〔美〕R. 麦克法夸尔、费正清编：《剑桥中华人民共和国史（上卷）》，中国社会科学出版社1990年版，第355~356页；赵耀辉、刘启明：“中国城乡迁移的历史研究：1949~1985”，载《中国人口科学》1997年第2期。

了城市贫民窟等问题的出现。

2. 严格控制人口迁移的户籍制度最消极的影响在于它有效地将农村人口排斥在城市福利体制之外，造成了城乡福利体制的二元分割并不断自我加强

严格控制人口流动的户籍制度最消极的和最深远的影响在于它的副产品，即由于这一制度能够有效地把农村人口排斥在城市体制之外，且农民在决策过程中几乎没有发言权，只面向城市居民这一占全国小部分人口的福利，诸如全面就业、住房、医疗、教育、幼托、养老等制度就随之建立了①。这一过程具有强烈的路径依赖和自我加强的特征，在很长一个时期内，与户籍挂钩的福利不断增加。福利体制的城乡二元分割，在改革开放以前，造成的结果是城乡的不平等，但当时的人口流动较少，维持了脆弱的平衡。而改革开放以后，随着大批农民进城务工，这种不平等的对比就更加鲜明，舆论压力骤然增大。放松人口物理流动限制的改革在劳动力需求的驱动下，改革进度是很快的，而赋予流动人口与城市居民平等的福利和权益的改革则经历了和经历着非常艰难的过程。

3. 长期控制人口迁移的政策影响了我国人口的集聚格局和经济效益，造成人口集聚总体不足，城市平均规模较小，大城市数量偏少

从 1958 年开始实行的严格控制农村人口向城市迁移的政策，至今仍然产生着影响。即使在改革开放以后，特别是 20 世纪 90 年代以前，国家也只鼓励农民进入小城镇，尽量不进入大城市，希望能够“离土不离乡”地实现工业化和城镇化。虽然在 20 世纪 90 年代以后，开始允许和鼓励劳

---

① 有关论述参见林毅夫等：《中国的奇迹：发展战略与经济改革》，上海三联书店 1996 年版；蔡昉：“转型中的中国城市发展——城市级层结构、融资能力与迁移政策”，载《经济研究》2003 年第 6 期。

动力进入大城市务工，但国家鼓励发展小城镇、严格控制大城市规模的政策取向一直延续到21世纪初，直到最近几年才有所调整。长期控制人口迁移政策的结果是，我国人口集聚总体不足①，城市的平均规模太小，大城市数量偏少②——虽然自20世纪末以来已经有很大改善。研究者认为，1/3～1/2的中国城市规模太小。一个典型的中国城市，规模太小导致每个工人的净产出损失17%；至少有1/4的城市，净产出损失在25%到70%之间③。

（二）改革开放之后的人口迁移政策变化与人口流动

1. 改革开放后随着发展战略的转变，人口流动的政策限制逐渐放松，城镇化重新启动并加速

20世纪70年代末80年代初，随着农村家庭联产承包责任制的实行和城市经济体制改革的展开，粮食和其他生活资料供应日渐充足；同时，劳动密集型经济增长开始取代重工业优先发展战略形成主导，城镇对非熟练劳动力的需求迅速增长，从而消除劳动力流动的障碍成为不可回避的事情。1983年政府开始允许农民从事长途贩运和自销，第一次给予农民异地经营以合法性。此后对劳动力流动限制进一步放松。除了1989～1991年间，因经济治理整顿以及政府管理能力的不适应，迁移政策出现

① 王小鲁（2010）的研究表明，2007年中国实际的城市集中度为20.4%（即全国20.4%的人口居住在100万人以上规模的大城市），低于世界平均水平（2005年为24.6%），更远低于日本、韩国和美国（分别为48%，51%和43%）。根据模型预测，2007年更加合理的城市集中度约在30%左右，比实际的集中度高出近10个百分点。

② 国家统计局数据显示，2011年我国100万以上人口城市（城市市辖区范围）为127个。

③ 参见Au，Chun－Chung，and J. Verson Henderson（2006a），“Are Chinese cities too small?”，Review of Economic Studies 73（3）；Au，Chun－Chung，and J. Verson Henderson（2006b），“How migration restrictions limit agglomeration and productivity in China”，Journal of Development Economics 80（2）。

了一定程度的逆转，迁移政策一直在放松。1992 年以后，人口迁移政策转为鼓励和引导劳动力有序流动，并对小城镇的户籍管理制度进行了改革，大大降低了小城镇落户门槛。这一时期，我国的城镇化率从 1978 年 17.92% 上升到 1996 年 30.48%，超过了 30%，按国际标准，开始进入城镇化中期或快速城镇化时期。20 世纪 90 年代中期以来，以降低落户门槛为主线的改革也从小城镇扩展到了大中城市，虽然在一些大城市特别是特大城市落户仍然比较困难，但总体来看，城市的落户门槛较之前有了较大下降。我国的城镇化率也在 2011 年达到了 51.27%，城镇人口首次超过农村人口。1997～2010 年间的城镇化率年均增速达到了 1.39%（参见图 1）。

2. 人口流动规模不断扩大，部分沿海城市的流动人口达到了非常高的比例

20 世纪 90 年代以来，我国流动人口的规模迅速扩大。根据第六次人口普查数据，2010 年我国流动人口（狭义流动人口概念，指离开户口登记地半年以上，但排除市内人户分离人口的流动人口，下同）总量达到了 2.21 亿，流动人口占全国总人口的比例达到了 16.53%①。而在部分沿海发达地区，流动人口的比例远远高出全国平均水平。如上海、北京的流动人口比例达到了 1/3，天津、浙江、广东、福建占到 1/4 左右，而广东的部分城市如东莞、深圳的流动人口远远超过了户籍人口，占到了总人口的 3/4 左右。

① 其中乡—城流动占到了 60% 以上。乡—城流动人口是指户口性质为农业，流入地为城镇的流动人口。

表1　部分大城市非户籍常住人口比重（2010年）　单位：万人

	北京	上海	广州	深圳	天津	杭州	宁波	苏州
常住人口	1961.2	2301.9	1270.1	1046.7	1293.8	870.0	760.6	1046.6
其中：非户籍人口	704.5	883.4	476	778.9	299.2	235.4	228.9	408.9
占比（%）	35.9	39.0	37.5	74.4	23.1	27.1	30.1	39.1

数据来源：各城市2010年第六次人口普查公报或国民经济和社会发展统计公报，其中深圳没有2010年数据，表中数据为2011年。

二、当前城镇化进程中面临的主要社会问题及其原因分析

无论从国际经验还是我国历程来看，城镇化总体上是改善了人们生活和人的发展的[①]。但在这样一种结构性转变过程中，确实也会出现很多社会问题。我国城镇化和社会政策的发展路径使得某些问题更加突出。概括而言，我国在城镇化过程中面临的主要社会问题是，城乡分割的二元体制还没有解决，城市内部又出现了新的二元结构，从而形成了三元体制，对社会和谐与稳定造成了威胁。具体问题体现在以下几个方面。

（一）流动人口在流入地难以享有平等社会权利

1. 现状

流动人口在流入地难以享有平等的权利是我国城镇化进程中最突出的社会问题。虽然20世纪80年代以来户籍制度改革取得了很大进展，但仍然有许多问题没有解决。这一问题在流动人口规模较大的东部沿海地

① 参见中国发展研究基金会：《中国发展报告2010：促进人的发展的中国新型城市化战略》，人民出版社2010年版，第4~7页。

区尤为突出，城市内部的二元结构正在形成。如表 1 所示，很多大城市 30% 左右的常住人口是非户籍人口，也就是说他们享有的权利与 70% 左右的户籍人口相比是不平等的，不仅包括最受关注的社会权利，也包括经济权利和政治权利。虽然长期以来，作为流动人口主体的农民工最受社会关注，但实际上流入城市的外地户籍城镇人口所面临的制度障碍与农民工是一样的。只是因为农民工的人力资本更低，所拥有的社会资本更弱，才使得其在城市的处境更加困难。具体来看体现在以下几个方面（主要关注社会权利）。

义务教育权利逐渐得到保障，异地高考问题成为突出问题。流动人口随迁子女的义务教育权利经过十多年的历程，政策上已经明确了“以输入地政府管理为主、以全日制公办中小学为主”的“两为主”政策，随迁子女的义务教育权利越来越得到保障，但是在执行中仍然存在一些问题。一些地方政府仍然设置一些不合理的门槛条件，把流动人口子女挡在公办学校外面，或者违规收赞助费和借读费；流动人口规模较大的地区有较大比例随迁子女在民办学校上学，虽然这本身未必是问题，但政府的补贴支持政策还没有跟上；在不少地区，流动人口子女只能进入部分指定的公办学校，或者规定不能进某些学校，与本地学生存在明显的区隔。当前较为突出的受教育权利问题是异地高考问题。我国的高考制度规定学生只能在户籍所在的省份参加高考，这就意味着事实上已经在流入地接受了义务教育甚至是高中教育的学生只能回户籍地参加高考。而目前高考试卷是分省命题的，义务教育和高中教学的内容也有差别，造成很多学生只能高中甚至是初中就回户籍地上学，否则就难以参加高考——这仍然是中国大多数人改变人生境遇的重要途径。2012 年底，在国务院要求下，大多数省份公布了异地高考方案，一些流动人口规模不大的省份，允许在当地有学籍、就读满若干年的学生在当地参加高考和录取，至多再附加监护人参加社保若干年的条件。但是，在北京、广东、上海等流动人口密集的地区，从公布的方案来看，只允许参加高职考试录取，普通高考基本还没有开口子，离问题的解决还很遥远。

基本公共卫生服务覆盖所有常住人口，但部分专项服务仍然只针对户籍人口。国家基本公共卫生服务项目自2009年开始实施，服务对象在制度上是覆盖流动人口的，没有权利方面的歧视，至于流动人口是否真正使用服务则受多方面因素的影响。预防接种、孕产妇保健等公共卫生服务是流动人口利用较多的服务，执行情况也相对较好。但是，在一些地区，部分专项公共卫生服务项目仍然只针对户籍人口。

城镇社会保险主体项目在制度上是向流动人口开放的，但实际参保结果并不理想；城镇社会救助项目基本没有向流动人口开放。绝大多数流动人口是就业人口，按制度规定，应该参加当地的城镇职工社会保险（城镇职工基本养老保险、城镇职工基本医疗保险、工伤保险、失业保险和生育保险）。这些社会保险项目由雇主和职工共同缴费，在制度上是完全向流动人口开放的，并且鼓励参加。但是由于我国社保缴费率相对较高等原因，企业不严格执行劳动法规，流动人口职工自身也不愿意参加，这在农民工群体中表现尤为突出。根据国家统计局《2011年我国农民工调查监测报告》数据，农民工在城镇参加城镇职工基本养老保险、城镇职工基本医疗保险、工伤保险、失业保险和生育保险的比例分别为13.9%、16.7%、23.6%、8%和5.6%。不过，大多数没有在城镇参加医疗保险的农民工，在户籍地参加了新农合。因为新农合个人缴费比例一般不到1/3，2/3以上由政府补贴，这几年报销比例也提高较快，这在农民工看来更为“划算”。但代价是异地报销比较麻烦，或者异地诊疗费用根本就不能报销。就城镇职工基本养老保险而言，除了缴费率较高、未来收益不确定外，转移接续是比医疗保险更加突出的问题，虽然国家已经出台了相应解决办法，但执行效果并不理想。同样，部分流动人口也在户籍地参加了新型农村社会养老保险或者城镇居民社会养老保险。总而言之，城镇职工社会保险制度本身是开放的，流动人口参加比例较低是其他原因造成的。但是，流入地的新农合、城镇居民医疗保险制度并不向非户籍人口开放，只允许户籍人口参加。显然，这两个制度缴费需要大量当地政府补贴是重要原因。这一制度障碍主要影响的是流动人口中的未成年人和老年人。他们只能在户籍地参加新农合或城镇居民医疗保险，同样遇到异地报销问题。此外，城镇的社会救助项目基本没有向流动人口开放。

大多数地方还没有将流动人口纳入当地住房保障。住房成本上升日益成为流动人口在城市稳定下来的一大障碍。租住城乡结合部的农民房屋、在城区房屋“群租”、租住地下室成为流动人口降低居住成本的办法。当前，除了一部分企业对农民工提供宿舍外，流动人口基本不能享受当地的住房保障政策，仅有部分地区放开了一定比例的公租房申请，而廉租房、经济适用住房、限价房都不允许申请。

2. 原因分析

第一，福利筹资的高度分权化是关键原因。流动人口在流入地难以享有平等的权利，大多数研究总是把原因归结为我国特殊的户籍制度，或者具体说是实行福利权益与户籍挂钩。但实际上这只是对现象的重复表述。问题的关键在于，为什么福利权益会与户籍挂钩？我国福利权益与户籍挂钩的制度是20世纪50年代在当时的经济社会背景下形成的，主要造成的结果是福利制度的城乡二元分割。近年来在统筹城乡福利制度方面有了很大进展。当前流动人口在享有平等社会权利方面的障碍主要是福利制度的地区分割而不是城乡分割。城乡二元分割主要影响的是福利统筹区域内（一般为县域，至多市域）的流动人口，而地区分割则影响的是跨区域（特别是跨省）流动的人口。而造成福利制度地区分割的主要原因在于我国福利筹资的高度分权化。我国的福利支出责任主要由省级及以下政府承担，而且长期以来省以下政府支出占大头。以教育和卫生为例，在总支出中，地方财政支出比例长期在90%以上。近年来，随着中央政府对教育、卫生投入的加大，2011年地方支出比重分别下降到了80.2%和73.1%（参见表2）。但这一比重仍然是非常高的，而且这几年的下降有的是阶段性改革中的专项支出造成的，并没有形成中央和地方之间稳定的分担机制。社会保障、住房保障的支出分担机制也类似。而且越是发达地区，越是大城市，地方分担的比例就越高甚至完全自筹，而这些地方正是人口流入最多的地区。

表2　　教育、卫生财政支出中地方政府分担比例（%）

	2003年	2004年	2005年	2006年	2007年	2008年	2009年	2010年	2011年
教育	91.8	94.0	93.8	87.8	84.9	82.2	81.0	79.7	80.2
卫生	97.2	97.4	97.9	89.5	66.6	70.0	68.0	71.1	73.1

数据来源：根据各年统计年鉴和全国财政支出决算表计算。

在这样一种福利支出责任机制下，为新落户人口提供公共服务就需要主要依靠地方自身财力来解决，城市政府放宽落户条件的积极性显然不高。出于发展经济和控制财政支出之间的平衡，精明的地方政府就倾向于选择性地向拥有较高知识、技能和资本即能为地方经济做出较大贡献的人颁发户口，而不愿意向知识技能相对较低的人口敞开户籍大门，而实际上这些人也是城市经济发展和社会服务所必需的。

但并不是所有的福利提供都是筹资性利益矛盾。筹资性利益矛盾主要集中在义务教育、住房保障和社会救助方面，特别是前两者。而当前的热点问题——异地高考是非筹资性利益矛盾，主要是当地居民和流入人口竞争高校入学机会的矛盾，与以前关于就业排斥的矛盾性质类似。

第二，人口流入给地方带来的直接税收收入不多。流入地地方政府之所以不愿意接受更多的人口在当地安家落户，还有一个重要的原因是地方政府认为流入人口对地方税收的贡献太小。这就跟我国的税制有较大关系，间接税比例较高，直接税比重偏低，或者有些税种地方分享比例较低，地方政府能够从“人”获得的稳定税源不多。例如个人所得税规模不大，而且大量流动人口收入并没有达到起征点；房产税等财产税还没有全面开征。这给地方政府造成的感觉是，流动人口特别是低技能流动人口流入带来的财政负担大于财政收入。虽然这种印象很可能是错误的。

第三，福利制度的设计不当和制度间协调不足也影响了流动人口社会权益的实现。我们发现，城镇的社会保险主体项目在制度上并没有排斥流动人口。由于它们依靠雇主和职工缴费筹资，一般不需要地方财政支持。地方政府为了维持基金平衡，反而鼓励相对年轻的流动人口参加。但实际结果是流动人口特别是农民工的参保比例还很低。上文实际上已经指出，这是由福利制度本身的设计不当，以及制度间的协调不足造成的。当然，也与大多数流动人口就业的流动性大、收入低等非正规就业特征有关。

（二）少数大城市人口迅速膨胀，大城市病问题日益突出

1. 现状

集聚是城市的本质特征，有利于提高经济效率。但城市人口的集聚规模和速度超过了城市公共服务和社会管理能力的提升，就会引发各种问题，包括交通拥堵、环境污染、住房困难等，形成所谓的“大城市病”。如前文所述，我国城市布局面临的主要矛盾是，城市的平均规模较小，大城市数量偏少。但是，在局部出现了过度集聚，出现了若干超大城市。我国的北京、上海、广州、深圳等一线城市人口迅速膨胀，正在

遭遇着痛苦的“大城市病”。以北京市为例，第六次人口普查显示，2010 年底北京市的常住人口为 1961 万（其中城镇人口为 1686 万人），与 10 年前相比增加 604 万。而根据初步数据，2012 年底，北京市的常住人口已经突破 2000 万，达到了 2069 万，而且还处在不断膨胀的过程中。根据苏杨等人的计算，北京、上海、广州、深圳等城市建城区的人口密度分别达到每平方公里 1.19 万、1.27 万、1.15 万、1.20 万，超过了纽约（5 区）1.06 万/平方公里的密度，仅次于东京（23 区）1.45 万/平方公里的密度①。人口膨胀给大城市的公共服务和社会管理带来了极大的压力，交通拥堵、环境污染、住房困难是最主要的三个表现。在这种形势下，部分特大城市在事实上收紧了落户政策，户籍改革出现了一定程度的倒退。

城市户籍人口是“三元体制”中的既得利益群体，但是大城市病显然也给这一群体造成了利益损害，成为他们最关切的问题之一。

2. 原因分析

第一，城市层级制导致的资源过度集中是部分大城市人口过度膨胀的体制性原因。城镇化是人口集聚和经济集聚相互加强的过程，但是经济集聚并不是一个纯粹自发的市场经济过程，而是受到政治和政策影响的。虽然改革开放以来，城市融资越来越依赖市场，但垂直的资源分配和政策倾斜仍然占重要地位。不像西方国家的城市体系是较为扁平的、城市是自治的，我国的城市体系是一个多层级体制，城市按行政级别分为直辖市、副省级城市、地级市、县级市等，政治地位差别很大。无论是在区域规划、投融资还是公共服务资源获取方面，高层级城市都有更强的谈判能力。这种等级化的资源分配方式人为拉大了城市间经济发展

---

① 参见苏杨等：“中国城市病的表现形式和直接成因”，载林家彬等著《城市病：中国城市病的制度性根源与对策研究》，中国发展出版社 2012 年版。

和公共服务差距，高层级城市经济过度集聚，吸引了大量外来人口的涌入。与此同时，大多数处于层级制低端的城市集聚能力不足，规模偏小。

此外，部分中小城市由于法治环境较差，尽管投资和生活的直接成本远比大城市低，但隐性成本比较高，使得投资和人口被迫向少数大城市集中。前几年发生的从“逃离北上广”到“逃回北上广”的转变便是佐证。

第二，城市规划和城市管理能力不高。我国大多数城市布局是单中心的，这与历史上的城市发展路径有关。在长期的中央集权体制下，我国的城市首先是统治中心，以官衙为中心布局，统治者居住于中心区域，各种资源自然也高度集中于中心区域。这种观念和布局方式一直影响至今，随着城市人口的膨胀越来越不适应，但是由于既得利益的影响，城市布局的调整举步维艰。与此同时，我国的城市管理能力也比较薄弱，城市基础设施建设缺乏预见性，设计不够合理；对城市突发事件的应急管理能力不足。这都加剧了大城市病问题。

（三）农村人口在城镇化过程中权益没有得到充分保护

1. 现状

农村人口在城镇化过程中的权益受损主要体现在两个方面：一是土地权益，二是基本公共服务权益。

城镇化过程中，农用地转为非农用地是必然现象。但我国政府垄断了征地权，造成农民得到的补偿低，甚至在征地过程中受到人身伤害。与此相关的，近年来，部分地方政府不充分考虑农民意愿，强力推进农民集中居住、上楼，损害了农民的生产、生活方式选择权。土地权益问题是一个复杂的问题，不属于社会政策范畴，不再展开。这里重点关注城镇化过程中农村居民的基本公共服务权益。

近年来，随着改善民生和统筹城乡战略的实施，农村基本公共服务有了很大改善。但在一些领域，政策调整的不当，损害了农村人口的基本权益。最为典型的是义务教育领域的“撤点并校”。在生育率下降和城镇化背景下，农村学龄人口减少，义务教育学校布局的适度调整是合理的。但实际情况并不是这样，自 2000 年以来全国县域内学校减幅远远大于在校生减幅。以小学为例，全国县域内小学在校生从 2000 年 1.12 亿减少到 2009 年的 0.83 亿，减幅为 26%；而全国县域内小学及教学点从 69.4 万所（个）下降到了 33.6 万所（个），减幅达到了 52%，是小学生在校生减幅的 2 倍。而合理的情况应该是学校减幅小于在校生减幅。这种撤点并校带来的后果有两个，一是学校的班级规模扩大，特别是县镇小学的班级规模从 2000 年的平均 39.44 人猛增到 2009 年的 48.66 人，超过了国家规定的每班 45 人的警戒线，必然给教学效果和教学管理带来负面影响[①]。二是学生上学距离变远，带来一系列安全隐患和社会问题。全国人大教科文卫委员会在西部三个省、自治区的调查显示，有近 1/3 的学生每天单程超过 3 公里，近 1/8 的学生单程在 5～10 公里之间，这不仅增加了时间成本，也加大了通勤安全隐患[②]。许多地区为了解决这一问题，实施了寄宿制。2009 年，西部农村小学寄宿生占在校生的比例达到了 16%，西藏、内蒙古、云南、青海 4 省区更是超过了 30%[③]。但过早寄宿对小学生的身心发育是很不利的，特别是目前小学生寄宿低龄化趋势越来越明显。

---

① 有关数据引自邬志辉、史宁中：“农村学校布局调整的十年走势与政策议题”，《教育研究》，2011 年第 7 期。

② 有关数据转引自庞丽娟：“当前我国农村中小学布局调整的问题、原因与对策”，《教育发展研究》，2006 年第 2 期。

③ 教育部规划司《2009 年全国教育事业发展简明统计分析（内部资料）》，转引自邬志辉、史宁中：“农村学校布局调整的十年走势与政策议题”，《教育研究》，2011 年第 7 期。

医疗卫生服务的情况也类似，但近年来在医疗保障不断完善等因素的刺激下，需求增加较快，规模效应下降没有那么快，问题没有教育领域突出。但如何提供有质量保证的服务仍然是一个重要挑战。

此外，农村养老服务也面临巨大挑战。在老龄化和城镇化的共同作用下，我国农村60岁老年人口的比例远比城市高。2010年“六普”数据显示，农村老年人口比例达到了近15%，比城镇高3.3个百分点。我国的养老服务体系尚处在发展初期，农村更是薄弱，这给农村养老服务带来了巨大挑战。如何保障农村老人得到照顾，有尊严地度过晚年，正在日益成为一个紧迫的问题。

2. 原因分析

显然，城镇化带来的农村人口密度下降是农村基本公共服务面临挑战的基础性原因，但是制度和政策上的缺陷加剧了这一问题的严重性。

第一，农村公共服务资金供给不足是导致公共服务网点过快萎缩的重要原因。上文已经提及，我国公共服务的筹资高度分权化，省级以下地方政府承担了大部分公共服务资金的供给，而其中县乡政府又承担了大头。这与基层政府所拥有的财力极不相称。城镇化过程中的公共服务布局调整政策，为地方政府利用，成为减轻公共服务负担的一个借口，造成网点过度萎缩。

第二，过大的城乡、地区差距造成公共服务提供人员不愿留在农村。公共服务提供人员不愿意留在农村是造成农村公共服务质量下降的重要原因，同时也加速了服务网点的裁撤。这是城乡、地区间的过大经济社会发展差距造成的。公共服务人员薪酬激励制度设计没有充分向农村倾斜，进一步加剧了这个问题。

三、改革完善我国城镇化进程中社会政策的基本思路

从上面对我国城镇化进程中出现的社会问题及其原因的分析，我们发现，这些社会问题产生的原因是复杂的，并不完全是社会政策本身的问题，是政治、经济、社会多领域制度和政策安排共同造成的结果。因此，要解决这些问题，光靠社会政策本身的调整是不够的，需要多领域推进改革。下文仅就改革完善社会政策本身及与之密切相关的其他领域政策提出思路和建议。

（一）以进一步消除人口流动的制度障碍为重点

人的集聚是城镇化的核心过程，保障人的自由流动权利不仅有利于提高经济效率、顺利推进城镇化，本身也是实现人的发展的过程。从世界范围来看，我国阻碍人口流动的制度障碍是较多的，虽然改革开放以来一直在逐步消除，但仍然是突出问题。在下一步城镇化进程中，社会政策改革要以进一步消除人口流动的制度障碍为重点。影响人口自由流动的制度障碍，不仅仅是人口迁移政策，也包括福利筹资体制、社保制度设计等。这些都直接或间接影响着自由流动权利的实现，需要综合推进改革。但与此同时，我国也存在导致人口过度集聚的制度扭曲。例如汲取型的城市层级制，导致经济资源和公共服务资源在高层级城市过度集聚，进而导致人口的过度集聚，带来“大城市病”问题。这种扭曲也需要逐步消除。超大城市应主动调控产业规模，从而引导人口流向，而不是直接去调控人口规模。

（二）以就业为中心调整完善其他社会政策

就业问题是各国特别是发展中国家城镇化进程中的关键问题，如果进城人口能够实现较为充分的就业，就业质量能够得到持续提升，那么城镇化就至少成功了一半。在我国城镇化的推进过程中，要特别避免在没有就业机会供给的情况下，强力推进征地和农民集中居住，使其失去长远生计，并带来诸多社会不稳定因素。同时，社会政策取向和政策设计都要有利于扩大就业和提升就业质量。例如，基础教育要常抓不懈，特别要持续提升农村基础教育质量，提高职业教育和培训的效率，只有这样才能提高新转移农业人口的就业能力，保证城镇化的持续进行；社保缴费率也要适度，鼓励正规就业，避免费率过高把就业人口赶向非正规就业。

（三）公共服务体系布局调整要适应城镇化进程

随着城镇化的推进，城乡和区域的人口布局必然会发生变化，公共服务体系的布局需要做出相应调整。关键是要使公共服务体系的调整适应城镇化进程，既要保障需求，又要避免发生浪费。城镇化过程中，城市地区必然要扩大公共服务，需要根据人口规模和流动趋势提前做好规划，并保证资金、土地的供给。而且，对于流动人口规模较大地区，公共服务的供给可以采取较为灵活的政府购买服务的办法，及时满足需求，同时也可避免人口流向发生变化后的可能浪费。而对于农村地区，随着农村人口的减少，裁撤部分公共服务网点是合理的，但不能过快过急，要充分考虑当地的地理条件，保证公共服务的可及性。特别是，我国基本完成城镇化（到达饱和值70%～80%）至少还需要几十年时间。保证教育、卫生等提升人力资本公共服务的质量，提高农村人口进城就业的能力，是进一步工业化和城镇化的重要基础。同时，农村公共服务的可及和质量保证也可以减少单纯为寻求更好公共服务迁移而不提高经济效益的迁移，防止城市地区出现过度拥挤。

四、调整完善相关社会政策的具体建议

（一）综合性政策建议

1. 改革福利筹资体制，提高中央和省级政府的支出比重

我国福利筹资的高度分权化是造成地方政府在公共服务方面排斥流动人口的最重要原因。从国际经验来看，大多数国家（特别是单一制国家）教育和卫生支出主要是中央和省级政府的责任；社会保障和救济则基本就是中央政府的支出责任。我国提高中央和省级政府的福利（公共服务和社会保障）支出比重的改革势在必行，这不仅有利于改善流动人口的社会权利，也是促进基本公共服务均等化的根本性解决办法。提高中央和省级政府的支出比重，不能只是临时性的举措，必须建立明确的政府间分担机制，而且各地区的分担比例安排应尽量统一。在此前提下，要求流入地政府切实承担起为外来常住人口提供公共服务和社会保障的责任。当前部分大城市不愿意向常住外来人口提供公共服务和社会保障，并不完全是因为财力不足，而是当前的制度提供的激励不足，约束也不足。

与此同时，在区域内部，考虑到农村在人口密度下降的趋势下公共服务提供成本更高，公共服务经费拨付要进一步向农村倾斜，人均设施配置标准也要进一步提高。这样可以防止农村公共服务网点的过快裁撤。

2. 以“阶梯式赋权”方式推进大城市户籍制度改革，中央政府设定流动人口获得当地完全权利的最高条件

当前户籍制度改革的难点在大城市①。以“低门槛、阶梯式”作为流动人口社会权利的获得方式，用纳税、就业、社保缴费年限等替代户口作为权利获得依据的大城市户籍改革思路已经基本取得社会共识。关键在于如何更加合理地设定这些条件，如何排列赋予权益的优先顺序，以及如何使得管理更加便民。当前应优先解决大中城市就业资格（特别是机关事业单位就业资格）的彻底放开问题，以及实现教育机会的均等问题。同时也要完善管理，在总结地方经验教训的基础上，在全国推广居住证制度，将居住证与身份证、户籍信息系统实现连通，与政府部门掌握的人口基础信息实现共享，更好地实现人口服务与管理的双重目标。

由于大、中、小城市当前的人口集聚程度和所面临的问题不同，流动人口社会权利获得条件的设定自然也不能一刀切。但是，中央政府应设定流动人口获得当地完全权利的最高条件，即无论在哪个城市，流动人口在当地连续纳税、就业和参加社保达到一定年限（如 10 ~ 15 年）后，当地政府必须赋予其与当地户籍人口完全平等的权利。否则，城市内的二元结构将会愈来愈固化。考虑到部分超大城市和大城市已经积累了为数不小的在当地长期居住和就业但仍然没有平等享有权利的人口②，应尽快出台相关规定。

---

① 当然，随着福利筹资体制的改革，户籍改革的难度也会逐渐降低。

② 根据第六次人口普查数据，我国流动人口在流入地居住 5 年以上的人口比例约为 30%；根据中国人民大学的“北京市 1‰流动人口调查”资料，2006 年北京市流动人口中“来京时间” 5 年以上占 38.8%，其中 10 年以上占 13.5%，15 年以上者占 4.1% 。当前的比例差别估计不会太大。

（二）分领域政策建议

1. 就业方面

人口城镇化的推进要坚持以就业为基础。我国长期以来鼓励以就业为目的的人口城镇化，虽然在某些时期政策执行过紧，剥夺了一些农村人口进城谋生的机会，但总体上属于成功的经验，保证了我国在快速城镇化过程中的社会稳定。因此，要继续坚持这样一种政策取向。一方面，随着人口流动自由程度的提高和新生代农民工比例的增加，在制定城市发展规划时更要将提高城市的就业吸纳能力作为重要的考虑因素，形成合理的产业布局，实现制造业和服务业共同发展。同时，也不要在农村强力推进没有就业基础的人口城镇化；另一方面，鼓励出于经济原因（就业、创业等）的人口迁移，不鼓励寻求更好公共服务的人口迁移。当然，消除后者现象的根本措施，要依靠促进基本公共服务的均等化。

促进劳动者人力资本的提升，重视通用技能的学习培训，增强人们在城市长期立足的能力。城镇化与产业结构升级是相伴发生的。城市的发展特别是大城市的发展越来越依靠劳动者的技能和创新。政府在提高就业服务体系水平的同时，要鼓励社会和企业共同支持劳动者的在岗培训和终身学习，提高职业教育在教育体系中的地位，改善就业机会的公平性，促进劳动者人力资本的提升。职业技术培训要在提高短期就业能力和长期适应能力之间取得平衡，要充分重视通用技能的学习培训，以保证劳动者在整个生命周期中不断适应经济的迅速变化，增强人们在城市长期立足的能力。

2. 社会保障方面

社会保障制度的设计完善应将实现劳动力市场的灵活安全性（flexicurity）作为重要目标，保证城镇化过程中劳动力的流动性，同时让劳动者获得适当的社会保护。要实现这样一个目标，需要从以下几个方面努力。

进一步扩大劳动者的社会保障覆盖面，同时增强社会保障权益的可携带性。虽然近年来非就业群体社会保障覆盖面的扩大很快，但是劳动者特别是处于低端的劳动者（农民工等）加入城镇职工社会保障制度的速度并不快。因此，激励劳动者加入城市的社保体系，仍然需要加快推进。一方面要使得社保制度设计更加合理，特别是适当降低低端劳动力的缴费率（可以通过政府补贴参保等方式实现）。从雇主方面来看，今后随着我国劳动力相对更加短缺，将会激励其为职工参保。另一方面，需要落实社会保障权益特别是养老金权益的转移接续政策，促进劳动力市场的统一，消除劳动力流动障碍。

加快推进社会保障项目的整合和统筹层次的提高。全面推进新农合、城镇居民基本医疗保险统一为城乡居民医疗保险，新型农村社会养老保险、城镇居民社会养老保险统一为城乡居民社会养老保险。也要适时取消原来单独为农民工设立的社保制度，统一纳入城镇职工社保体系。与此同时，尽快提高养老保险、医疗保险的统筹层次，基础养老金实现全国统筹，城乡居民医疗保险实现地市级统筹。

实现城乡居民医疗保险（新农合和城镇居民医保）参保补贴的可携带。为解决流动人口在流入地也能参加城乡居民医疗保险（新农合和城镇居民医保）的问题，建议通过提高中央和省级政府支出责任的方式实现参保补贴的可携带性。人口在省内流动时，原省以下政府补贴部分由省级政府承担，跨省流动时，原中央以下政府补贴部分由中央政府承担。无论流动人口在流入地参加城镇职工医疗保险、城镇居民医疗保险还是新农合，都可以使用这笔参保补贴缴纳个人应缴的参保费。若干年（不同规模城市可有差别）以后，政府补贴转为按流入地规定渠道执行，实现与当地居民同样待遇。

调整社会保障项目设计，鼓励就业而不是享受救济。城市社会保障水平的提高、房地产市场的非理性繁荣等因素，对城市户籍人口就业产生了负面激励，有不少人选择退出劳动力市场，特别是大龄劳动力的参与率迅速下降。这可能导致他们就业能力的损失，不仅不利于经济增长，也容易在经济波动时带来严重社会问题。就社会保障制度的完善方面而言，要保持社会保障待遇水平的适度，对最低生活保障和失业救济的申领采取更加严格的资格审查，鼓励其参加职业培训、从事公益性岗位。

3. 教育权利方面

落实流动人口子女义务教育权利，用更加灵活的方式承担流动人口义务教育服务提供责任。流动人口子女义务教育权利保障在政策上已经十分明确，即“以输入地政府管理为主、以全日制公办中小学为主”，关键是要落实。与整体的福利筹资体制改革一样，中央和省级政府应该承担更大的义务教育支出责任，这会有利于政策的落实。而地方政府在具体的服务提供上，可以采取更加灵活的方式。特别对于流入人口规模较大的地区，有些正处于产业结构调整升级时期，流动人口的规模可能会发生较大变动，最好采取更加灵活的供给方式。事实上，即使在广东这样有大规模流动人口的地区，绝大多数流动人口子女并没有辍学，但只有一半在公办学校上学。在这种情况下，政府没有必要再大规模兴建公办学校。可以通过政府购买学位的方式，对这些符合条件、吸纳进城务工人员随迁子女的民办学校予以补贴及相关政策优惠。这样可以避免流动人口规模大幅减少后可能带来的资源浪费，也有利于规范民办学校以实现其在政府部门监管下的健康发展。

解决异地高考是一个比较复杂的问题，宜谨慎逐步推进，流动人口规模较大地区首先解决无条件“借考”问题。高考目前仍是大多数人实现向上层社会流动的重要通道，高考制度的调整不仅涉及个人机会，也会产生一定的政治影响。在当前高考制度框架下，流动人口子女异地高考资格的获得需要用一定的条件（学籍年限、监护人社保参保年限等）来管理，已基本形成社会共识，但关键是这些条件如何设置。从目前各地公布的方案来看，流入人口相对较少且高考竞争激烈的地区，条件设得不高；而流入人口较多且高考录取比率较高的地区，则门槛设得较高，像北京、上海等超大城市几乎就没开口子。即便中央出面协调各地的招生录取指标，在如此大规模的流动人口规模下，也解决不了太大问题。对于这些地区，现实的解决办法可以是，首先解决“借考”的问题，在流入地上学的学生，如果申请在当地借考，要无条件同意，但仍回户籍地参加录取。这样至少可以保持原有的利益格局不变。然后再逐步放宽在当地参加录取的条件，同时为设计更加周全的、与高考制度改革相结合的方案留出时间。随着高校自主招生范围的扩大，异地高考问题的土壤就会部分消失。当然，即使实现完全的高校自主招生，国家也还必须组织统一的基本资格考试，也要录取名额协调机制，并在一定程度上向民族地区、偏远地区和农村地区倾斜，但不一定是以按省划分的户籍为基础。从近期来看，高校自主招生还不可能成为主流，高校自主招生制度的影响也需要进行认真评估。

4. 住房保障方面

对城市低收入群体现有居住格局保持宽容，审慎推进“城中村”改造。许多低收入流动人口居住在“城中村”或者在城区“群租”、住地下室，这显然不是体面的居住方式，也有不少安全隐患，但这却是降低“城镇化成本”的一种重要方式。我国仍然处于快速城镇化时期，政府不能以安全、卫生的名义简单地拆除、驱赶。“城中村”的改造必须对低收入租住群体生活成本的影响作全面评估，提供替代性的、成本增加不多的居住方式。对于城区的“群租”、租住地下室，也要在加强安全教育和安全监控的前提下，在一定时期内允许其存在。

在政策上鼓励企业为进城务工人员提供符合政府质量标准、入住条件的宿舍，将达到一定就业和社保缴费年限的流动人口纳入当地住房保障体系。寄希望于企业全面承担进城务工人员的住房保障责任并不现实。但企业确实有积极性改善雇员的住房条件，并且进城务工人员特别是进城不久者也偏好居住在务工地点附近，以增加工作时间从而获得更多收入。因此，企业提供宿舍对于解决这一群体住房问题仍发挥着重要作用。政府应通过在土地、资金等方面的政策优惠鼓励企业为工人建造符合质量标准、入住条件的宿舍，或者政府在工业园区内与企业合作建设公共住房。黄石等部分城市的经验值得借鉴。与此同时，对于在城市就业和参加社保已经达到一定年限，相对稳定的流动人口，要将其纳入当地的住房保障体系，进一步实现在城市社会的融入。

参考文献

[1]〔美〕布赖恩·贝恩．比较城市化．北京：商务印书馆，2012

[2] 蔡昉．户籍制度改革与城乡社会福利制度统筹．经济学动态，2010（12）

[3] 蔡昉．转型中的中国城市发展——城市级层结构、融资能力与迁移政策．经济研究，2003（6）

[4] 仇保兴．笃行借鉴与变革：国内外城市化主要经验教训与中国城市规划变革．北京：中国建筑工业出版社，2012

[5] 费孝通．中国城镇化道路．呼和浩特：内蒙古人民出版社，2010

[6] 贡森等．民生为向：推进包容性增长的社会政策．北京：社会科学文献出版社，2011

[7] 贡森，王列军．兼顾多方利益积极推动大城市户籍改革．国务院发展研究中心调研报告择要2010年第41号

[8] 顾朝林等．中国城市化：格局·过程·机理．北京：科学出版社，2008

[9] 国务院发展研究中心课题组．中国城镇化：前景、战略与政策．北京：中国发展出版

社，2010

［10］李秉勤．中国城市中雇主作为房东为进城务工者提供住房．http：//www. ccpg. org. cn/Article/ShowArticle. asp？ ArticleID = 1644

［11］李强等．城市化进程中的重大社会问题及其对策研究．北京：经济科学出版社，2009

［12］联合国开发计划署．2009 年人类发展报告——跨越障碍：人员流动与发展．北京：中国财政经济出版社，2009

［13］林家彬等．城市病：中国城市病的制度性根源与对策研究．北京：中国发展出版社，2012

［14］沙希德·优素福，锅岛郁．两个龙头：给北京和上海的建议．北京：新华出版社，2012

［15］世界银行．2009 年世界发展报告：重塑世界经济地理．北京：清华大学出版社，2010

［16］世界银行，国务院发展研究中心联合课题组．2030 年的中国：建设现代、和谐、有创造力的社会．北京：中国财政经济出版社，2013

［17］王小鲁．中国城市化路径与城市规模的经济学分析．经济研究，2010（10）

［18］王列军，贡森．户籍制度改革的经验教训和出路．国务院发展研究中心调研报告 2010 年第 50 号

［19］郑秉文主编．拉丁美洲城市化：经验与教训．北京：当代世界出版社，2011

［20］〔美〕乔尔·科特金（Joel Kotkin）．全球城市史．北京：社会科学文献出版社，2010

［21］中国发展研究基金会．中国发展报告 2010：促进人的发展的中国新型城市化战略．北京：人民出版社，2010

［22］周其仁．"城乡中国"系列评论．http：//blog. sina. com. cn/zhouqirenblog

［23］Au，Chun-Chung，and J. Verson Henderson（2006a），"Are Chinese cities too small?"，Review of Economic Studies 73（3）

［24］Au，Chun-Chung，and J. Verson Henderson（2006b），"How migration restrictions limit agglomeration and productivity in China"，Journal of Development Economics 80（2）

［25］Bingqin Li and David Piachaud，"Urbanization and social policy in China"，Asia-Pacific Development Journal Vol. 13，No. 1，June 2006

［26］Bingqin Li，"Low – Cost Urban Housing Markets：Serving the Needs of Low-Wage，Rural-Urban Migrants?"，Report for Lincoln Institute of Land Policy，2007.

［27］Christine Wong，"The big idea Fiscal and financial reform：Paying for the harmonious society"，China Economic Quaterly，June 2010

[28] Christine Wong, "Paying for Urbanization in China: Challenges of Municipal Finance in the 21st Century", R. Bahl, J. Linn and D. Wetzel, eds., Metropolitan Government Finances in Developing Countries, Cambridge, MA: Lincoln Institute for Land Policy. 2012

[29] Kamal-Chaoui, L. E. Leman and Z. Rufei, "Urban Trends and Policy in China", OECD Regional Development Working Papers, 2009/1, OECD publishing

[30] Shahid Yusuf and Tony Saich, China Urbanizes: Consequences, Strategies, and Policies, World Bank, 2008

专题一

城市化进程中的人口迁移政策

城市化是人口集聚和经济集聚相互加强的一个过程。绝大多数先行城市化国家在国家内部都实行人口自由迁移政策。而我国自20世纪50年代初全面启动工业化后不久，形成了严格控制人口流动的迁移政策，直至80年代以后才逐渐放松限制。我国独特的人口迁移政策对城市化进程产生了深远影响。

一、我国人口迁移政策的演变

新中国成立以来，我国的人口迁移政策演变大致可以分为4个阶段。

（一）自由迁移阶段（1949～1957年）

1949年我国的城市化率仅为10.6%，是一个名副其实的农业大国。经过几年的战后恢复，于1953年开始第一个五年计划，启动了重工业优先发展的工业化。“一五”计划期间（1953～1957年），国民收入平均增长率达到了8.9%[①]。经济的快速恢复与增长，创造了很多就业机会，吸引了大量农村人口迁入城市。当时的户籍管理延续了新中国成立前的做法，人口迁移需要登记，但并不控制迁移。1951年公安部颁布了《城市户口管理暂行条例》，规定外地进城的人口需要到当地公安局登记。1955年国务院又颁布了《关于建立经常户口登记制度的指示》，其中规定无论对城市还是农村居民改变居住地的迁移需得到官方的批准。但上述两个法规都没有限制迁移，只是要求迁移人口进行登记。因此1958年《户口登记条例》颁布之前，农村向城市的迁移基本是自由的，只要履行手续，一般都能获得城市户口。由于1958年开始的大跃进对劳动力的需求迅速增加，农村到城市的大规模人口迁移趋势一直延续到1960年。1949～1960年期间，城镇人口年均增长速度达到了7.73%，是迄今为止城镇人口增速最快的时期，城市化率的年均增速也达到了0.83%（参见表1），1957年城市化率迅速跃升至15.38%，1960年更是达到了19.75%。

表1　不同时期中国城市化速度对比

	1949～1960年	1961～1978年	1979～1996年	1997～2010年
城镇人口年均增长率（%）	7.73	1.55	5.65	4.16
城市化率年均增速（%）	0.83	-0.10	0.70	1.39

资源来源：根据《新中国六十年统计资料汇编（1949－2008）》及《中国统计年鉴》（2009，2010，2011）计算。

（二）严格控制迁移阶段（1958年～20世纪80年代初）

然而，在重工业优先发展的赶超战略下，上述城市化进程注定无法

① 数据引自R. 麦克法夸尔、费正清编：《剑桥中华人民共和国史（上卷）》，中国社会科学出版社1990年版，第141页。

持续。在当时的条件下，农业成为重工业所需积累的主要来源，而资金从农业到重工业的转移是以压低农产品价格实现的。农产品价格的人为扭曲降低了农民的生产积极性，造成了农产品供给和需求之间的不平衡，也产生更大推力驱使农民进城寻找工作。在粮食短缺的背景下，从1953开始，政府采取对粮食统一收购和定量供应的方法来保障工业和城市对粮食的需求，并适当加快农业合作化的步伐。而当时大量农村人口进城，在决策层看来不仅不利于稳定农村粮食生产，也加大了城市粮食供给压力，因此必须控制农村人口进城。1953～1957年，国务院连续数次发出关于劝止农村人口盲目流入城市的指示，但作用不是很大。为了使得限制农民进城更有强制基础，终于在1958年制订了《中华人民共和国户口登记条例》，标志着严格控制人口迁移的户籍制度全面建立。该条例除了详细规定公民应进行各项基本情况的户口登记外，其中第十条规定，“公民由农村迁往城市，必须持有城市劳动部门的录用证明，学校的录取证明，或者城市户口登记机关的准予迁入的证明，向常驻地户口登记机关申请办理迁出手续。”这一规定以法律形式把限制农民迁往城市的制度固定下来。从此，农民只能以招工、上大学、当兵等有限且概率极低的途径进城落户。这种严格限制农村人口向城市流动的局面一直持续到20世纪80年代中期。但《户口登记条例》颁布后并没有立即遏制住迁移趋势，在1960年之前，每年仍有较大规模的迁移。大跃进失败以及紧接着的1959～1961年三年自然灾害则彻底改变了我国的城市化进程。1961～1978年间，城镇人口年均增长率回落到了1.55%，城市化率在这一时期则是下降的，从1961年的19.29%下降到1978年的17.92%。

（三）逐渐放松迁移限制阶段（20世纪80年代中期~90年代末）

20世纪70年代末80年代初，随着农村家庭联产承包责任制的实行和城市经济体制改革的展开，粮食和其他生活资料供应日渐充足；同时，劳动密集型经济增长开始取代重工业优先发展战略形成主导，城镇对非熟练劳动力的需求迅速增长，从而消除劳动力流动的障碍成为不可回避的事情。因此，人口迁移制度改革首先是作为经济体制改革的一部分而启动的。1983 年政府开始允许农民从事长途贩运和自销，第一次给予农民异地经营以合法性。1984 年，国家进一步放松对劳动力流动的控制，甚至鼓励农村劳动力到临近小城镇打工，并开始允许在集镇（不含县城关镇）务工经商和居住的农民自理口粮在当地落户。1988 年，在粮票制度尚未取消的情况下，中央政府允许农民自带口粮进入城市（县城及以上城市）务工经商。这是一个较大的转变，改变了以往严格控制农民进入城市的迁移政策，开启了劳动力大规模跨地区流动的序幕。虽然在 1989～1991 年间，因经济治理整顿以及政府管理能力的不适应，迁移政策出现了一定程度的逆转，要求控制农民工“盲目流动”，但放松迁移限制的总体政策方向并没有改变。1992 年以后，人口迁移政策转为鼓励和引导劳动力有序流动，并对小城镇的户籍管理制度进行了改革，大大降低了小城镇落户门槛。这一时期，我国的城市化重新启动，城市化率从 1978 年 17.92% 上升到 1996 年 30.48%，超过了 30%，按国际标准，开始进入城市化中期或快速城市化时期。

（四）鼓励迁移并加强社会保护阶段（2000 年至今）

进入新世纪以来，人口迁移政策发生了更加积极的变化，不仅鼓励劳动力流动，而且鼓励公平流动，加强对流动人口的社会保护。2002 年，中央提出了对农民进城务工就业实行“公平对待，合理引导，完善管理，搞好服务”的方针，此后，在清理与取消针对农民进城就业的歧视性规定和不合理收费、简化农民跨地区就业的各种手续方面出台了一系列政策。而2006年《国务院关于解决农民工问题的若干意见》的出台则标志着将农民工的社会保护提上政策议程，加强了就业培训和劳动权益维护，逐步解决农民工子女入学、社会保障等问题。近年来一些地方积极采用居住证、积分制等创新手段实施对农民工的“阶梯式”赋权，为其融入城市创造条件。

与此同时，以降低落户门槛为主线的改革也从小城镇扩展到了大中城市，虽然在一些大城市特别是特大城市落户仍然比较困难，但总体来看，城市的落户门槛较之前有了较大下降，在城市稳定就业和居住人口平等享有当地权益的可能性也在加大。我国的城市化率也在2011年达到了51.27%，城镇人口首次超过农村人口。

二、人口迁移政策对城市化的影响

在计划经济时期，我国的城市化是滞后的，30年间城市化率仅从10.6%上升到17.9%。但城市化的滞后与人口迁移政策有什么样的联系和多大的联系是需要深入分析的。

（一）严格控制人口迁移的政策是重工业优先发展战略的结果和表现，本身并不是影响城市化速度的主要原因

“一五”计划以后的“大跃进”及后来的文化大革命，对经济造成了极大的破坏，经济增长也较为缓慢。粮食一直处于短缺状态，同时重工业又是资本和技术密集型产业，创造的就业机会也十分有限，使得城市化进程十分缓慢，甚至出现倒退。如“大跃进”失败以后，国家关闭了在城市的好几万建筑和工业企事业单位，加上3年自然灾害造成的粮食

减产，强制遣返了2000多万在城市中居住的农业人口①。同时，“文革”期间，2000多万知识青年上山下乡这一逆城市化过程实际上主要的动机是为了解决就业。因为当时经济陷于停顿，城市已经无法创造大量就业机会。

因此，计划经济时期我国城市化的迟滞，实质上是重工业优先发展战略实施的必然结果。具体来说，重工业优先发展需要强制榨取农业剩余，必须把农民禁锢在土地上，而且这种强制又降低了农民粮食生产的积极性，造成粮食长期短缺，更无法支撑城市人口的增长；而重工业创造的城市就业机会又十分有限，即使没有户籍制度控制农民流向城市，增加的迁移规模也会十分有限。因此主要是在重工业优先发展战略下的粮食短缺和城市就业机会有限造成了计划经济时期我国城市化的迟滞。严格控制人口迁移的户籍制度的形成和实施只是这一发展战略的结果。

（二）长期控制人口迁移的政策影响了我国人口的集聚格局和经济效益，造成人口集聚总体不足，城市平均规模较小，大城市数量偏少

从1958年开始实行的严格控制农村人口向城市迁移的政策，至今仍然产生着影响。即使在改革开放以后，特别是20世纪90年代以前，国家也只鼓励农民进入小城镇，尽量不进入大城市，希望能够“离土不离乡”地实现工业化和城镇化。虽然在20世纪90年代以后，开始允许和鼓励劳动力进入大城市务工，但国家鼓励发展小城镇、严格控制大城市规模的政策取向一直延续到21世纪初，直到最近几年才有所调整。长期控制人

① 参见R. 麦克法夸尔、费正清编：《剑桥中华人民共和国史（上卷）》，中国社会科学出版社1990年版，第355～356页；赵耀辉、刘启明：“中国城乡迁移的历史研究：1949～1985”，载《中国人口科学》1997年第2期。

口迁移政策的结果是，我国人口集聚总体不足①，城市的平均规模太小，大城市数量偏少②——虽然自20世纪末以来已经有很大改善。研究者认为，1/3～1/2的中国城市规模太小。一个典型的中国城市，规模太小导致每个工人的净产出损失17%；至少有1/4的城市，净产出损失在25%到70%之间③。

（三）严格控制人口迁移的户籍制度最消极的影响在于它有效地将农村人口排斥在城市福利体制之外，造成了城乡福利体制的二元分割并不断自我加强

严格控制人口流动的户籍制度最消极的和最深远的影响在于它的副产品，即由于这一制度能够有效地把农村人口排斥在城市体制之外，且农民在决策过程中几乎没有发言权，只面向城市居民这一占全国小部分人口的福利，诸如全面就业、住房、医疗、教育、幼托、养老等制度就随之建立了④。这一过程具有强烈的路径依赖和自我加强的特征，在很长一个时期内，与户籍挂钩的福利不断增加。福利体制的城乡二元分割，在改革开放以前，造成的结果是城乡的不平等，但当时的人口流动较少，维持了脆弱的平衡。而改革开放以后，随着大批农民进城务工，这

---

① 王小鲁（2010）的研究表明，2007年中国实际的城市集中度为20.4%（即全国20.4%的人口居住在100万人以上规模的大城市），低于世界平均水平（2005年为24.6%），更远低于日本、韩国和美国（分别为48%，51%和43%）。根据模型预测，2007年更加合理的城市集中度约在30%左右，比实际的集中度高出近10个百分点。

② 国家统计局数据显示，2011年我国100万以上人口城市（城市市辖区范围）为127个。

③ 参见Au，Chun-Chung，and J. Verson Henderson（2006a），“Are Chinese cities too small?”，*Review of Economic Studies* 73（3）；Au，Chun-Chung，and J. Verson Henderson（2006b），“How migration restrictions limit agglomeration and productivity in China”，*Journal of Development Economics* 80（2）。

④ 有关论述参见林毅夫等：《中国的奇迹：发展战略与经济改革》，上海三联书店1996年版；蔡昉：“转型中的中国城市发展——城市级层结构、融资能力与迁移政策”，载《经济研究》2003年第6期。

种不平等的对比就更加鲜明，舆论压力骤然增大。放松人口物理流动限制的改革在劳动力需求的驱动下，改革进度是很快的，而赋予流动人口与当地城市居民平等的福利和权益的改革则经历了和经历着非常艰难的过程。

三、未来我国人口迁移政策的方向

（一）人口迁移的国际经验事实及启示

从世界范围来看，在 19 世纪由殖民活动引发的大规模国际移民之后，国际间的劳动力尤其是不熟练劳动力的流动降低了，直到最近才开始回升。但自 20 世纪 70～80 年代以来，随着众多发展中国家工业化和城市化的加速，国内人口流动却增强了。基于各国国内人口迁移的历史，我们可以初步总结出以下几条结论。

1. 教育决定着迁移能力

在国家内部，受教育程度决定着谁能够或不能移民，特别是从农村向城市的移民。受教育程度较高的人口在国内移民的可能性更大。实际上，国际移民也是如此。而人们的流动能力是衡量他们经济潜力的较好标准。阻碍人口迁移的因素除了受教育水平外，语言和文化差异也是重要因素，这在一些发展中国家如印度显得尤为突出。这也正是印度国内移民不如中国活跃的原因之一。相比而言，语言、文化差异对我国人口迁移的阻碍是较小的。

2. 自由的人口迁移能够增进整体福利，缩小福利差距

世界银行[①]的研究发现，随着人口迁移和经济集聚，尽管收入和物质福利不平等差距拉大了，许多发展中国家的人类发展指标却出现了地区趋同趋势，基础福利较为平等。换句话说，经济生产集中，经济发展水平差距拉大，但生活水平趋同。当然，这实际上并不是自然发生的，需要国家辅以合理的税收、转移支付制度调节。

3. 许多世界级城市都曾经受到贫民窟的困扰，解决土地市场的失败而不是驱赶移民才是根治办法

贫民窟与迅速的城市化进程密切相关。在当代发展中国家，约1/5到1/3的人口居住在贫民窟中。而回顾历史，当今的世界级大城市伦敦、纽约、巴黎、新加坡、东京都曾出现过大规模的贫民窟。事后，他们视之为“增长中的痛苦”。“如果英国提前开始清除工作，工人阶级将不得不遭受工资增长缓慢、消费水平迟滞不前的困扰”[②]。一个国家早期和中期城市化阶段贫民窟的出现和扩张主要是土地市场的功能失灵造成的。放慢、停止和逆转城市化进程并不符合当今工业化国家的发展要求。解决城市化进程中的土地失灵问题才是当务之急。采用驱赶移民的办法来解决贫民窟问题，会扭曲劳动力市场，可能给发展造成负面影响[③]。

4. 大多数移民出于经济原因移民，但也有不少人因为公共服务不足而移民，后者更可能加大城市的拥挤成本，而不是带来集聚效应

世界银行根据20多个国家家庭调查数据，发现平均70%～80%左右的移民都是因为寻求就业而移民的，但也有一部分因为希望改善教育、

---

① 参见《2009年世界发展报告》。

② Williamson（1982），转引自《2009年世界发展报告》第68页。

③ 参见《2009年世界发展报告》第66～70页。

卫生等公共服务而移民[①]。在许多发展中国家，学校、保健中心、医院以及福利设施分布在经济活跃的地区。随着经济的集聚，农村和小城镇的公共服务设施就会被撤并。人们为获得良好的教育和健康服务而向大型经济中心移民。在这种情况下，尽管迁移出于自愿，但移民更可能加重城市的拥挤成本，而不是带来集聚效益。因此，这类移民虽然可以理解，但在政策上不宜鼓励。

（二）未来我国人口迁移政策的方向

基于我国自身历史和国际经验，以及未来我国人口流动的趋势，我们认为未来人口迁移政策应采取如下取向。

1. 坚持自由流动原则

尽管由于我国户籍制度的原因，自由且公平的流动尚不能做到，但至少应坚持自由流动的原则，也就是尊重自愿迁移，不用行政手段阻止流动。这不仅符合自由权利原则，也是有利于经济集聚从而促进发展的。经过几十年的改革开放实践，人口迁移能够促进发展的观念已经深入人心。但是近年来，随着部分大城市人口的不断膨胀及其带来的交通、环境压力，部分决策者又开始产生阻止人口向大城市迁移的想法[②]。国际经验表明，这种努力如果付诸实施不仅是有害的，而且是徒劳的。

2. 鼓励出于经济原因的流动，不鼓励寻求更好公共服务的迁移

坚持自由流动原则，是说政府不能用行政命令阻止人们迁移，但并不是说政策不能引导迁移。什么样的移民应予以鼓励或限制，原则是看

---

① 参见《2009 年世界发展报告》第 165 ~ 167 页。

② 实际上这并不罕见，2005 年联合国人口署进行的调查中，半数以上的发展中国家政府表达了大规模改变人口地区分布、减缓向城市地区移民的意愿。发展中国家主张贯彻政策减少向城市地区的移民或采取措施逆转农村 - 城市移民趋势的官员几乎高达 3/4。但这似乎得不到舆论的支持，大多数发展中国家政府也没有能力这样做。参见《2009 年世界发展报告》第 140 页。

是否有利于经济集聚。政策应当鼓励出于经济原因（就业、创业等）的移民，限制谋求更好公共服务的移民。当然，消除后者现象的根本措施，要依靠促进基本公共服务的均等化。

3. 着力消除阻碍流动的福利制度障碍

随着我国城市化的推进，农村到城市的迁移规模将会逐渐缩小，而城市间的流动规模将会逐渐增加。在城市化达到较高水平以后，人口集聚仍会随经济集聚的动态调整而调整，这仍将是促进增长和保持经济活力的源泉。相对于农村到城市的人口迁移，城市间的人口迁移动机会相对较弱，因为预期收入差距没有像前者那么大。也就是说，相对较小的流动障碍就有可能阻止迁移。从目前的情况来看，社会保障等福利待遇的转移接续困难，行业间待遇差距大，高考名额分配不公平等福利制度因素都有可能成为阻碍迁移的重要因素。因此，逐渐消除阻碍流动的福利制度障碍将是今后人口迁移政策及相关改革的重要任务。

王列军　执笔

专题二

城镇化进程中的就业和社会保障问题

一、就业政策和城镇化的关系——理论视角

城镇化是一个复杂的过程，包括了人口结构、生产方式、生活方式的变化以及行为模式、社会规范的变化，而大量就业机会由农村转向城市，由农业转向非农业则是人口向城市集聚的重要动力。但不同的理论在阐述人口集聚和经济增长的互动关系，就业结构变化和城镇化水平提高以及经济结构变化之间的互动关系时有不同的角度，因此城镇化过程中就业政策的选择也有不同的倾向。本文主要关注以下两个问题。

（一）问题一：城镇化进程中就业政策应侧重于预防失业还是促进人口集聚

发展经济学主要关注一个传统的农业国如何转型成为工业国，人口由农村流向城市，由农业部门流向工业部门是其中的核心环节。刘易斯模型将人口的乡城流动及其带来的劳动效率上升作为发展中国家经济起

飞的动力，乡城人口流动的基础是农村存在大量的隐性失业人口，当这些隐性失业人口被工业部门吸纳完毕，城镇化和工业化的过程也就完成了。与农村存在大量剩余劳动力不同，城市有一个充分竞争的劳动力市场，农村剩余劳动力进城很快就能找到工作，因此城市是充分就业的。这一理论将农村失业问题的解决和城镇化、工业化联系在一起，并未将城市失业列为核心议题。但是刘易斯模型也认为城市资本的积累水平决定了吸纳劳动力的水平，使得这一模型也隐含着劳动力的转移速度的限制条件，只是认为完全竞争的劳动力市场下资本积累和就业将达到平衡。托达罗关注到刘易斯模型与发展中国家的实践并不一致，城市本身也存在失业问题，但城市失业的存在并不能阻止农业剩余劳动力的流入，人口流入主要取决于城乡预期收入差异以及迁移者在城市现代部门找到工作的概率。他认为农村居民的受教育程度越高、城镇居民享受的特设社会保障程度越高（如最低工资水平、失业补贴等），就越会拉大城乡的预期收入差距，使得更多的剩余劳动力进入城市，拉高城市的失业率。而且城市工业部门的扩张也会增加农业剩余劳动力找到工作的可能性，吸引更多的人流向城市，加剧失业问题。因此，随着城市和工业部门的快速发展，城镇的失业问题将更加严峻，应当通过重视农业和农村的发展，缩小城乡的实际收入差距来缓解城乡的失业问题。

与发展经济学关注失业不同，区域发展理论则更注重人口集聚在区域发展中的作用，缪尔达尔阐述了人口规模与经济发展的良性互动机制，他认为在一个区域内引进新产业或扩大原有产业规模，将会创造更多的直接和间接就业机会，就业机会增加会使得工人数量的增加以及家庭人口的迁入，人口的增加也意味着消费的增加，从而促进新项目的开工和第三产业的发展。另外，产业的发展也增加了熟练劳动力的储备，将吸引相关劳动力指向型的企业进驻该区域，从而形成良性循环，使该区域成为重要的增长极。

新经济增长理论则更多强调人口和产业的集聚对人力资本形成和经济发展的作用。这一理论认为经济活动的聚集有利于技术创新和知识外溢，一方面，投资和产业间及劳动者间的竞争会刺激创新和知识的积累，另一方面，产业规模扩大、经济的多样性增强和劳动力的集聚有利于专业分工的细化，加快知识的创新和流动。因此，新经济增长理论强调劳动力特别是其中的专业技术人员和企业家的集聚在开发、寻找新技术并将潜在的生产力转化为现实生产力的过程中起到的重要作用。

（二）问题二：如何看待劳动力成本的变化对城镇化进程的影响

低廉的劳动力成本一直被作为支撑发展中国家工业化和城镇化快速发展的重要优势。发展经济学认为在劳动力从传统部门向现代部门的转移中，工资的决定机制经历了三个阶段。第一阶段，农业边际生产率为零时，工业部门只需支付维持生存的工资就能够吸引剩余劳动力的转移；第二阶段，农业边际生产率大于零小于最低平均生活费用的那部分劳动力的转移，这一阶段的转移将开始影响传统部门的总产量，农产品价格提高导致名义工资水平提高。第三阶段，传统部门的剩余劳动力已被现代部门吸收完毕，劳动力的供求结构发生本质性的变化，劳动力过剩现象消失，取而代之的是劳动力不足，劳动力的实际工资持续上升。如果在剩余劳动力转移的过程中工业部门的工资水平不能如同理论假设那样一直保持在较低的水平，会产生两种后果：一是工业部门的利润水平下降，降低资本积累的水平，妨碍劳动生产率的提高；二是企业更有动力投资资本密集型技术，提高资本的有机构成，不利于就业的扩张。因此，从这个意义上说工资应由劳动力的供求决定，政府或其他外部力量对工资水平的保护会导致工资偏离均衡水平，不利于工业部门的发展和就业的扩大。

古典经济增长理论也认为，工资上涨可能导致资本的有机构成的提高，但认为这是技术进步的重要动力，而低工资将延缓甚至阻碍资本更新换代及技术进步，不利于经济的长期发展。

新经济增长理论则更侧重从人力资本积累的角度解释工资增长和经济增长的关系，认为工资上涨产生的用工成本增加会迫使企业加大职工培训，提高劳动者的生产效率，维持低工资所需的完全竞争的劳动力市场则会导致较高的员工流动性，损害企业员工培训的积极性，不利于人力资本水平的提升。而且，高工资具有教育激励效应，工资上涨还会促使工人增加对自身及下一代的教育投入，进而产生高工资高人力资本的良性循环。

此外，城镇化也被一些学者认为是消费结构转变的过程，钱纳里认为需求结构的变化推动了城镇化和工业化的过程，随着收入的增加，恩格尔系数下降，工业品在消费结构中的比重上升推动了工业生产的扩张，引导更多人口农业部门流入非农业部门。而在缪尔达尔的非均衡区域发展理论中工人收入增加带来的消费增加和人口集聚都是地区成为增长极的关键性环节。

（三）小结

城镇化中的就业政策之所以在不同的理论体系中有不同的倾向，核心是因为对劳动力在城镇化和工业化中发挥的作用有不同的认识。发展经济学倾向于认为发展中国家面对的首要挑战是资本的不足，将劳动力作为一种生产要素，认为人口流入的规模应与就业容量的增长的速度相适应，将人口流动作为一种伴随经济发展以及工业化的一种被动过程，因此不同程度存在控制人口由农业部门向城镇非农部门转移速度的倾向，并且强调充分竞争的劳动力市场在决定劳动者工资水平上的作用。而区域经济学和新经济增长理论则将劳动力资源禀赋也作为经济发展的重要动力，新经济增长理论更将人力资本和物质资本进行了区别，强调人口集聚及其带来的专业化、劳动分工以及知识和技术外溢对经济增长的内在贡献，强调稳定的人力资本投资的重要性，也更重视人作为消费者对于经济增长的贡献。因此，更倾向于提高劳动者在收入分配中的份额以及为劳动者提供必要的劳动保障。

二、我国城镇化进程中就业和社会保障政策的发展和挑战

（一）发展历程

新中国成立初期，为了应对当时复杂的国际环境以及尽快实现赶超式的发展，我国试图尽快建立自己的工业体系，选择了优先发展重工业的经济战略。而在一个积贫积弱的国家实行重工业优先发展的策略使得我们在经济组织方式上必然要更多地依赖于计划经济体制，在劳动用工领域也不例外，随着20世纪50年代一系列政策的出台，逐步将劳动力管理纳入国家计划，城市工商业部门雇佣劳动力都需要取得用工指标，不得自行从社会上招工，也不得随意裁退正式员工，城市中每年新增劳动力的就业也由国家统一安排，形成了“统包统配”的城镇劳动力管理制度。与这种“统包统配”相适应的是一套完善的与就业紧密挂钩的社会福利制度。政府为城镇就业人员提供了全面的社会福利，不但为职工个人提供医疗、养老、生育等各种保障，甚至还为直系亲属提供半公费医疗及死亡时的丧葬补助等，此外还提供几乎免费的子女教育、住房等。

而建国之初，我国90%的人口都生活在农村，农村人口的社会保障水平也远远低于城市，“进城”不但意味着就业由国家分配，还意味着能够享受从摇篮到坟墓的社会保障，城市人口膨胀的压力显而易见，而城市不可能为大量的人口提供就业机会，国民经济也无力负担大量人口城市化的成本。为了防止大量人口涌入城市，严格的户籍管理政策因此逐渐形成。1957年12月13日国务院“关于各单位从农村招用临时工的暂行规定”明确宣布，城市“各单位一律不得私自到农村中招工和私自录用盲目流入城市的农民”，甚至连“招用临时工”也“必须尽量在当地城镇招用，不足的时候，才可以从农村中招用”。政府严格控制每年的“农转非”的指标，只有通过当兵、上学等非常有限的渠道农民才有可能转为城镇户籍。在重工业优先的经济发展策略、城乡分割的户籍制度、劳动就业制度和社会保障制度下，我国的城镇化率仅从1960年的16.2%提高到1978年为18.6%。可以说，如何迅速凝聚资源和力量，建成门类齐全的工业体系，是这一时期经济建设的首要任务，为了实现资源在城市工业部门的集聚，我们在建立保障完备的城市劳动用工制度的同时采取了严格的户籍管理政策，将城镇户口、社会保障和就业紧密地捆绑在一起，形成了城乡分割的就业和社会保障体系。

1978年后，随着农村地区实行家庭联产承包责任制，大量的农村劳动力从土地上解放出来，农业人口的转移成为国民经济发展的巨大挑战同时也是重大机遇。但由于城市经济体制改革仍相对滞后，农村剩余劳动力向城市转移仍被严格限制，80年代初期，政府多次出台文件强调严格控制从农村招工。面对农村剩余劳动力向城市迁移的巨大动力，政府主要采取了“离土不离乡”的就业政策，乡镇企业的发展被视为国民经济发展的重要组成部分得到了蓬勃发展，农村非农就业数量显著增加，乡镇企业成为吸收农村劳动力的主要途径。同时，城镇户籍制度有了松动，1984 年 10 月《国务院关于农民进镇落户问题的通知》出台，允许农民“自理口粮”在“除县城外的各类县镇、乡镇、集镇”落户。1985 年公安部出台的《关于城镇暂住人口管理规定》，以办理“暂住证”的形式从客观上为流动人口在城市居住提供了行政保障和认可。这一时期，国家关于粮食统购统销的政策有了松动，政策对人口流动的严格约束有所放松，人口流动的规模逐渐扩大。

而到了 90 年代，一方面由于经济结构调整和治理整顿，乡镇企业发展受到很大冲击，农村劳动力就地转移遇到了很大困难，另一方面城市的经济改革速度加快，沿海开放地区的劳动密集型加工制造业迅速发展，产生了大量对劳动力的需求，人口流动有了大规模的增长，面对骤然增加的农民工汹涌流向大中城市的现实，政府对户籍迁移制度中严格控制农村人迁往城镇的迁移政策进一步做出了适当的调整和初步改革，逐步放开了小城镇的落户限制。而伴随着 90 年代中后期国有企业改革的深入，城镇下岗职工再就业的压力骤增。面对复杂的局面，这一时期政策强调防止农民工的盲目流动，引导农民工有序流入城市，而建立统一、开放、竞争、有序的城市劳动力市场也成为更为迫切的需求。

2000 年以后，人口流动的规模进一步扩大，城乡二元的户籍管理制度和城乡二元劳动力市场带来的矛盾日益突出，国家相继取消了对农民进城的各种不合理限制，2001 年国家计委取消对进城农民工收取的赞助费、暂住人口管理费、计划生育管理费、城市增容费、外地务工经商人员管理费和外地建筑企业管理费，2003 年废除收容遣返制度。与此同时，对流动人口社会权益的保障也更为急迫，国家又针对流动人口子女就学，医疗保险，社会保障等问题相继发出一系列部门通知和文件，要求全国各地切实维护流动人口权益。2008 年之后逐步放宽中小城市落户条件，出台多种政策进一步剥离附着在户口上的不公平福利制度，逐步将农民工统一纳入本地各项社会管理，促进住房租购、医疗卫生、子女教育、社会保障等基本公共服务均等化。

经过这一些系列的改革，我国的城镇化政策和就业政策之间的关系已经发生了变化，最初为通过严格的户籍管理和就业管理，限制非就业性的人口流动，后来主要通过将就业与社会保障和公共服务相捆绑，形成了以国家机关工作人员、单位就业人员、城镇居民、农村居民等不同身份为区隔的社会保障制度，并以此作为影响人口流动和城市化进程的重要方式。从我国人口流动和城镇化发展的历程看，就业政策在很大程度上依附于经济发展的策略，就业政策也是流动人口管理政策的基础，而流动人口管理政策则直接影响了城市化的速度和质量。

（二）非正规就业主导的半城镇化成为我国城镇化进程的突出特点

从我国城镇化进程中的就业和社会保障政策看，流动人口大量涌入城市，非正规就业的迅速扩张成为我国城镇化进程中的一大突出特点。胡鞍钢估计 1990 ~ 2004 年期间，非正规就业对城镇新增就业贡献比率为 133%，有 33 个百分点是传统正规部门摧毁就业岗位的比率；其中，在结构调整最大的时期（如 1996 ~ 2000 年），非正规就业对城镇新增就业贡献比率为 190%，认为我国经济转型的重要标志是就业模式从“正规就业”到“非正规就业”。

国际上对非正规就业有不同的定义，本文所指的是那些缺乏就业保障和福利、不受劳动法律保护的劳工。这部分人口游离于正规的就业统计之外，对非正规就业的规模学者们有不同的估计。黄宗智使用差额法估算 2006 年我国非正规就业劳动者有 1.6 亿，占全部就业人员的 59%；任远、彭希哲综合差值法和汇总法认为 2004 年我国非正规就业人数为 1.36 亿，占城镇部门就业总人口的 51%；吴要武和蔡昉则利用 2002 年

66城市的调查数据估算了非正规就业的规模，按三种不同口径分别为1亿，1.2亿和1.24亿，占城镇劳动者的43.4%，48.7%和50%，但这一调查没有涉及农民工。胡鞍钢认为1978年全国城镇几乎全部是传统的正规就业，非正规就业人员比重仅占0.17%，到1990年提高到17.5%，到1995年为19.69%，而后大幅度提高，到2004年上升为58.69%。崔桂山则通过综合估算认为非正规就业规模1978年为1055万人，占非农就业的8.92%，到2010年达到24404万人，占非农就业的50.66%。这些统计都存在一定程度的偏差，以最为常用的差值法为例，它使用城镇就业人口总规模减掉正规就业人口，所谓正规就业人口是按照国家统计局采用的登记类型划分，即国有单位、集体单位、股份合作单位、联营单位、有限责任公司、股份有限公司、港澳台商投资单位和外商投资单位，但这些单位也存在相当数量的非正规就业人员，而私营企业、个体企业等也存在正规就业人员。

尽管社会保险的参保水平并不能单独作为劳动者是否为非正规就业的标志，但由于我国社会保险制度的改革是与国有企业的改革紧密联系在一起的，最初的目的是在企业改制后为劳动者提供保障，而非正规就业人员则长期处于社会保险的空白地带，随着社会保障制度的完善，私人部门也逐步被纳入这一体系，因此，劳动者参与社会保险的数据也可作为确定其是否为正规就业人员的参考口径。从2005年1%人口抽样调查的情况看，79.86%的就业人口未参加失业保险，67.55%的未参加养老保险而58.76%的未参加基本医疗保险，即便是在劳动保障最为健全的国有及国有控股企业也仍有33%的劳动者未参加失业保险，个体工商户参加失业保险的只有2.67%。由于城乡居民医疗和养老保险制度的普及，参与养老和医疗保险的就业人员比例高估了正规就业的水平，而“五险”中失业保险和工伤保险更能精确地反映就业的规范性，2012年底参加失业保险的人数1.5亿，参加工伤保险的人数1.9亿，如果以2012年3.7亿城镇就业人员计算，没有参与失业保险以及没有参与工伤保险的分别占59.5%和48.6%。

表1　2005年全国按企业类型和参加社会保险情况划分的就业人口

企业类型	失业保险		基本养老保险		基本医疗保险	
	参加（%）	未参加（%）	参加（%）	未参加（%）	参加（%）	未参加（%）
总计	20.14	79.86	32.45	67.55	41.24	58.76
国有及国有控股企业	66.98	33.02	83.17	16.83	79.16	20.84
集体企业	27.80	72.21	48.07	51.93	52.19	47.81
个体工商户	2.67	97.33	11.22	88.78	24.30	75.70
私营企业	11.15	88.85	23.62	76.38	35.89	64.11
其他类型单位	27.71	72.29	42.92	57.08	50.02	49.98

数据来源：2005年1%人口抽样调查。

非正规就业在我国就业结构中占如此之大的比重，与我国城镇化过程中就业和社会保障政策是密不可分的。改革开放以后，出口导向战略和地方政府直接参与经济竞争使得非正规就业部门迅速发展起来，黄宗智认为“地方政府对招引的企业的非正规补贴，以及它们之利用处于正规产权、劳动法规和环境法规之外的廉价非正规经济，是它们之所以能够获得很高的回报率的关键因素，这是地方政府成功地招商引资的秘诀”，地方政府不但没有如同自由价格经济学家们所担心的那样通过提高最低工资水平、推行严格的劳动保护等方式拉高工人福利，反而在劳资纠纷中倾向于保护雇主。此外，地方政府还要在满足工业化发展所需大量劳动力和防止出现大规模城市失业人口之间寻求平衡，采取的是“要人手不要人口”的政策，而且由于人口流动长期处于非法或灰色的地带，劳动者的权益很难得到承认和保护。非正规就业既成为我国创造新增就业的主要途径，对经济的发展和人民生活的改善起到重大作用，也带来了诸多社会和经济问题。

一边是大量的就业机会主要集中在非正规部门，一边是大量的农村剩余劳动力，形成了我国非正规就业主导的半城镇化模式，即大量的劳动者几乎没有劳动保障，不享有就业地的公共服务，劳动力独自迁移而不是举家迁移，这使得他们在城镇的就业极不稳定，也很难融入当地的生活，再加上各种行政限制性，使得无业者在城市生存的可能性很小，而稳定的农村家庭联产承包责任制则保留了他们重返流出地的可能性，这样农村就成为城市劳动力的蓄水池，因而在面对大规模的人口流动和经济的起落，我国没有出现大范围的城市贫民窟和城市的大量失业，保持了经济和社会的稳定。但半城镇化也付出了高额的代价，除了带来一系列社会矛盾外，也影响了经济的进一步发展。正如上文分析的那样，过分压低人力成本，在维持我国劳动力成本优势促进经济增长的同时也使得经济增长过分依赖粗放型的、低技术含量、高能源消耗的劳动密集型产业，技术进步和经济转型的动力不足；粗放使用劳动力，使得大量工人的人力资本得不到积累，很难提高生产效率和适应生产的转型；劳动力市场严重分割和区域公共服务的巨大差异，人才过分集中在几个大的都市区和一级劳动力市场，人力资源得不到有效配置，影响了区域间经济的均衡发展也削弱了经济增长的潜力。我国城镇化发展中的种种弊端，如环境污染、布局不均等都与之密切相关。

（三）半城镇化的模式已经难以维系

随着社会经济的发展，半城镇化赖以存在的人口和经济背景已经发生了变化。半城镇化之所以能够存在，一方面是改革开放以来，外向型经济特别是来料加工型经济的发展形成了对熟练的低端制造业劳动力的持续需求，另一方面我国存在大量农村剩余劳动力，劳动者在劳动力市场中没有议价能力，再加上由于严格的户籍管理和包括低保、医疗、卫生、教育等城乡社会服务、社会保障和社会救助制度的分割，企业能以很低的并且实际水平基本不变的工资雇佣到劳动力，城市在公共服务方面的支出也极大地被压缩。

近年民工荒的出现已经是不争的事实，各地政府有了较强的动机吸引劳动力稳定就业，公共服务均等化的呼声也日益强烈。尽管学界对于刘易斯拐点是否已经到来仍有争论，但本文认为低端劳动力无限供给的时代已经结束。

首先，从总量上看，近十年，每年新增城镇就业需求总量与新增城乡劳动力的供给总量相抵有余。"十五"到"十一五"时期，新增岗位和腾出岗位相加，每年新增城镇就业需求从1350余万人上升到"十一五"的1600万人以上。而每年全国城乡新增劳动力供给总量从"十五"初的1300万人上升到"十一五"末的1600万人，新增劳动力略显不足。从存量上看，易于转移的农业剩余劳动力已经基本被城镇非农产业吸收完毕。以2009年农村劳动力资源来说明。全部农村劳动力有4.7亿人，转为农民工的已有2.3亿人，继续从事农业和闲置的有2.4亿人，其中几乎都是50~64岁的中老年劳动力、慢性病患者和残疾人、有重大家庭责任的女性劳动力以及难以外出打工的少数民族劳动力。从教育结构上看，劳动力的教育结构也发生了巨大转变。我国初中毕业生的升学率在2000年只有51%，而在2009年却已经达到了86%，高中毕业生的升学率也由1998年的46%上升为2009年的77.6%。计生委2010年一项十城市流动人口调查也显示劳动年龄流动人口中大学生流动人口（大专及以上受教育程度）比例较高，达到10.4%。从2005年和2010年两次人口调查的数据看，青年劳动力的受教育程度明显上升，20~24岁组大学本科及以上的人口由5.64%上升为11.58%，而初中以下的比重则由67.35%降低为53.93%。我国已经面临着低端劳动力供给的萎缩。

其次，劳动力的就业意愿和生活方式发生了变化。随着社会经济发展水平的提高，特别是农村人口的收入有了较大的提高，农民外出打工的意愿较之前一时期大为下降。而且农民工特别是青年农民工不再单纯追求收入的增加，而是追求自身全面发展。他们不再愿意忍受超长时间的工作以及恶劣的工作条件。此外，新生代农民工来城市打工更多出于对城市生活方式的向往，更注重个人的长期成长，传统的以体力劳动为主缺乏人力资本积累通道的行业已经很难吸引农民工了。我们 2011 年在温州调研时了解到，某企业家同时经营一个制鞋厂和一个 LED 灯生产厂，前者较后者工人的缺口更大，流动率更高，但后者的工资反而比前者略低，主要的原因在于“后者厂房设施好一些，而且青年人更愿意在 LED 灯这样的朝阳产业里工作”。成都郫县工业园集中了大量的农产品加工企业，很多是市场上的领军企业，相对于最近落户成都的富士康而言，工资更有优势，但很难招到青年人，主要是因为“做农产品加工比较辛苦，而且从农村里出来的青年人不愿意从事涉农的行业”。

表 2　　青年人口受教育状况（2005 ~ 2010 年，%）

年龄组	初中及以下		高中		大学专科		大学本科及以上	
	2005 年	2010 年	2005 年	2010 年	2005 年	2010 年	2005 年	2010 年
15 ~ 19 岁	64.78	52.19	31.72	39.64	2.37	4.79	1.13	3.38
20 ~ 24 岁	67.35	53.93	18.28	20.72	8.73	13.77	5.64	11.58
25 ~ 29 岁	70.74	61.50	16.89	17.92	8.05	11.07	4.32	9.50
30 ~ 34 岁	77.13	67.22	13.37	17.56	6.21	8.76	3.29	6.46
35 ~ 39 岁	81.41	74.55	11.43	14.81	4.49	6.45	2.67	4.18

资料来源：2005 年 1% 人口抽样调查，2010 年第六次人口普查。

除了劳动力结构的变化外，经济发展方式的转变使得对城镇化质量的要求提升，对劳动者的素质也有了更高的要求。经济增长越来越依赖内需和创新，全球性的经济危机影响使得外向型企业的生存环境恶化，传统的以低端密集劳动和大量能源消耗的生产模式越来越不可持续，扩大内需首先需要增加劳动者的收入。而劳动力成本的提高更是严重影响了出口产品的竞争力，经济增长越来越依赖科技进步和技术创新，促进人力资本的积累和平衡区域间经济发展水平的巨大差异也需要形成统一、规范的劳动力市场。

三、坚持就业优先、提高就业质量是提高城镇化质量的新动力

城镇化必须以就业优先，这是几十年来我国城镇化进程顺利推进的成功经验，没有就业的城镇化会带来社会动荡，影响国家财政的可持续性，加深社会财富在分配中的矛盾，也不可能实现人民生活水平的提高。与之前的经验相比，我们面临着更为严重的挑战，城市吸纳就业的能力滞后于城镇化的速度，则可能造成严重的失业并引发大量社会问题。

其一，农村已经很难再作为城市劳动力的蓄水池，起到对抗经济周期的作用，这不但是因为农村剩余劳动力已经转移殆尽，更因为很多青年农民工不熟悉乡村生活，更不熟悉农业生产方式，他们没有能力也没有意愿在城市就业形势恶化时重回农村。

其二，就业的结构性矛盾也日益突出，大学生就业难和民工荒并存也已成为突出的社会问题，大学生就业难固然有大学教育本身在规划、定位、课程设置等方面的问题，但更重要的是正规就业部门和非正规就业部门壁垒分明的劳动力市场造成的市场失灵，导致了劳动力供求的结构性矛盾。在非正规劳动力市场中，劳动者通常需要进行超长时间的体力劳动，且收入微薄，无力进行人力资本的积累，而且职业教育、终身

教育等相关的公共服务也较为缺失。这使得进入了非正规部门的青年很难得到向上流动的机会。因此，更多青年宁愿承担高等教育投入、求职成本、待业成本等进入正规劳动市场的门槛成本，也不愿意在非正规部门就业。这是造成大学生就业难和民工荒并存的根本原因。因此，提高整个社会的就业质量，建立统一的劳动力市场和灵活安全的劳动保障体系，改变半城镇化的现状，是当前我国就业和社会保障政策面对的迫切问题。因此，我们认为城镇化进程中的就业和社会保障政策的改革应该侧重于如下几个问题。

（一）创造就业

一方面，在制定城市发展规划时将提高城市的就业吸纳能力作为重要的考虑因素，形成合理的产业布局，促进城市消费能力的提升，实现制造业和服务业共同发展；另一方面，提高职业服务体系水平的同时，鼓励社会和企业共同支持劳动者的在岗培训和终身学习，提高职业教育在教育体系中的地位，改善就业机会的公平性，促进劳动者人力资本的积累，此外，社会保障制度的设计也应该更加科学，可以借鉴很多西方国家的经验，对于最低生活保障和失业救济的申领进行严格的资格审查并可以增设对其参与职业培训、从事公益性岗位等要求。

（二）促进社会保障制度的整合

目前，我国的社会保障制度呈现明显的城乡分割、区域分割和职业分割，这严重影响了人力资源在各个行业和区域之间流动，要提高就业质量就必须要促进社会保障制度的整合，这也是建立统一劳动力市场的先决条件。首先是不同人群间社会保障制度的整合，近些年，很多地区已经出台措施，整合碎片化的社会保障制度，对社会保障制度的改革既要重视“安全性”也要重视“灵活性”，安全性是要使得劳动者得到基本保障，而“灵活性”是保障劳动力市场的积极性。首先，应在同一平台上整合不同群体的社会保障，保证不同群体社会保险的转移接续，这不但有利于同一劳动力市场的形成，也使得在社会保障制度需要作出调整时，更容易形成社会共识；其次，不同人群的社会保险制度不应该简单采用“就高”的方式，不能罔顾目前我国仍有大量劳动者在小微组织就业或从事非全职工作的事实，而应该考虑不同被保险人的需求及其能享受的保险待遇，合理制定社会保险强制性缴纳标准，既提供合理的保障也防止由于标准过高而造成的排斥，对于小微企业和劳动密集型企业给予一定的社会保险补贴；第三，在社会保险维持合理保障水平的前提下，促进企业补充保险制度的发展；第四，保障社会保险的跨地区转移接续，特别是养老保险，中央政府应通过转移支付等方式发挥更为积极的作用。

（三）改革户籍制度，梯度性地赋予流动人口平等的居民权利，帮助稳定就业的流动人口有序融入城市

改革户籍制度，采用以居住证为主的管理方式。以居住登记和缴纳社会保险的年限为基础，梯度性的赋予流动人口平等的社会权利，给流动人口建立一个社会流动的上升通道，才能使得流动人口真正融入城市，实现真正的城镇化。我们建议，不论城乡，不论户籍所在地，所有居民只要在当地有最低标准的合法体面住所（含租房），就准许进行常住登记，发放居住证。持居住证者可就近享有国民基本权利。国民基本权利包括选举权、就业权、社会保险参保权，以及免费的公共卫生服务和义务教育。而根据在本地缴费年限长短，参保人员及其家属可逐步享有地方附加权利，直至待遇与本地户籍人员一致，这些地方附加权利包括被

选举权、就业扶持、幼儿教育补贴、高中教育补贴、就地高考资格、低保、廉租房等。

（四）加强劳动力市场的规范管理，促进流动人口实现体面劳动

除了在公共服务方面给予流动人口以相同权利外，也应该加强对于劳动力市场的引导，规范企业用工行为，使得流动人口真正实现体面就业。一方面，劳动部门应该定期发布不同行业和岗位工资指导标准，建立职工工资正常增长机制，完善工资集体协商制度；另一方面，加强在劳动力市场中对于流动人口的保护，包括保证同工同酬，采取经济、行政、法律等手段从根本上解决拖欠流动人口工资的问题，提高劳动合同签订率和社会保障的覆盖水平，保障流动人口特别是高危行业流动人口的劳动安全，防止超时加班，落实劳动法中对于加班工资的规定。

张冰子　执笔

参考文献

[1] 段成荣，杨舸．改革开放30年来流动人口的就业状况变动研究．中国青年研究，2009（4）

[2] 郜风涛．中国经济转型期就业制度研究．北京：人民出版社，2012

[3] 贡森等．民生为向：推进包容性增长的社会政策．北京：社会科学文献出版社，2009

[4] 胡鞍钢，赵黎．我国转型期城镇非正规就业与非正规经济（1990～2004）．清华大学学报（哲学社会科学版），2006（3）

[5] 黄宗智．中国被忽视的非正规经济：现实与理论．开放时代，2009（2）

[6] 李平，宫旭红，张庆昌．工资上涨助推经济增长方式转变——基于技术进步及人力资本视角的研究．经济评论，2011（3）

[7] 潘文轩．城市化研究的三个经济学理论视角及其评述，http：//web.cenet.org.cn/upfile/85990

[8] 屈曙光，彭璧玉．工资对经济增长的影响：文献综述．经济评论，2010（4）

[9] 任远．2006 中国非正规就业发展报告——劳动力市场的再观察．重庆：重庆出版社，2007

[10] 苏杨等．中国流动人口管理报告．北京：企业管理出版社，2010

[11] 田明．中国就业结构转变与城市化．北京：科学出版社，2008

[12] 王学真、郭剑雄．刘易斯模型与托达罗模型的否定之否定——城市化战略的理论回顾与现实思考．中央财经大学学报，2002（3）

[13] 吴要武，蔡昉．中国城镇非正规就业：规模与特征．中国劳动经济学，2006（2）

专题三

城镇化进程中的教育权利问题

虽然我国的国家教育投入即使在发展中国家中都不算高——直至2012年才有望达到GDP的4%——但是新中国成立以来的基础教育成就却是相当出色的。除了民间具有重视教育的悠久传统外，国家层面促进教育的策略至关重要。新中国成立初期，毛泽东等领导人充分动员正规教育之外的资源和手段开展扫除文盲运动。1982年15~19岁年龄组的识字率男性已高达96%，女性85%；而30年前与我国差距并不大的印度，其1982年的相应数据则为66%和43%①。

改革开放以后，我国逐步实施九年制义务教育，确立了"基本普及九年义务教育，基本扫除青壮年文盲"的目标并最终实现。20世纪80年代，中国15岁以上人口受教育年限就超越了世界平均水平。2010年，受教育年限接近9.1年，高出世界平均水平1.33年，高出发展中国家平均水平2年（参见表1）。国民受教育水平的迅速提高，为我国工业化、城镇化的顺利推进奠定了重要的人力资源基础，对促进经济增长发挥了重要作用。但是，改革开放以后特别是20世纪90年代以来，随着大规模的

① 参见阿玛蒂亚-森（Amartya Sen）和让-德雷兹（Jean Dreze）：《印度：经济发展与社会机会》，社会科学文献出版社2006年版，第80页。

农村人口进入城市务工经商①，在我国以地方政府作为教育筹资和服务提供主体的制度安排下，流动人口随迁子女的教育权利问题日益成为一个突出的问题。

表1　我国及世界15岁以上人口受教育年限情况②　单位：年

	我国	世界（146）	发达国家（24）	发展中国家（122）
1950	—	3.17	6.22	2.05
1960	3.42*	3.65	6.81	2.55
1970	—	4.45	7.74	3.39
1980	5.33**	5.29	8.82	4.28
1990	6.40	6.09	9.56	5.22
2000	7.79	6.98	10.65	6.15
2010	9.09	7.76	11.03	7.09

注：*采用的是1964年数据；**采用的是1982年数据。

数据来源：Robert J. Barro, Jong－Wha Lee. A NEW DATA SET OF EDUCATIONAL ATTAINMENT IN THE WORLD, 1950－2010. Http：//ideas.repec.org/p/nbr/nberwo/15902.html。

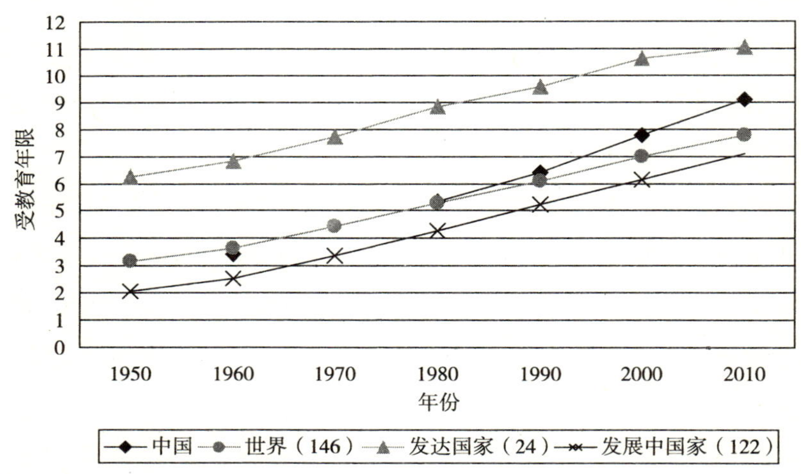

图1　中国及世界15岁以上人口受教育年限情况（单位：年）

① 《2011年我国农民工调查监测报告》显示，2011年全国农民工总量达到25278万人，比2010年增加1055万人；其中，外出农民工15863万人，增加528万人。

② 资料来源：高书国主编《中国人口文化素质——从战略追赶到局部跨越》（内部文稿，2012年10月）。

一、进城务工人员随迁子女义务教育问题

（一）基本现状

《2011 年全国教育事业发展统计公报》显示，2011 年全国义务教育阶段在校生①中，共有进城务工人员随迁子女 1260.97 万人，在小学就读 932.74 万人，在初中就读 328.23 万人。从数量上来看，这一数字有增长的趋势；从流向上来看，也较为集中——东部地区是进城务工人员最多的地区，因而其进城务工人员随迁子女占全国的比重最高。进城务工人员随迁子女的流动，可分为跨省流动和省内流动（含县市域范围）两种类型。据研究，目前跨省流动的进城务工人员随迁子女占 38.09%，省内流动的占 61.91%。其中，北京、上海、天津等大都市跨省流动的进城务工人员比例比较大；而省内流动的随迁子女比例较高的地区，主要集中在湖南、安徽、河南等一些人口流出大省，这些省省内流动的随迁子女都占到当地随迁子女的 90% 以上②。

表 2　义务教育阶段在校生中进城务工人员随迁子女数量③

	2007	2008	2009	2010	2011
在小学就读（万人）	—	—	750.77	864.3	932.74
在初中就读（万人）	—	—	246.33	302.87	328.23
合计（万人）	765	884.6	997.1	1167.17	1260.97

根据 2009 年的统计，当年的 997.1 万义务教育阶段进城务工人员随

① 根据《2011 年全国教育事业发展统计公报》，全国小学在校生 9926.37 万人，初中在校生 5066.80 万人。

② 吴霓：“进城务工人员随迁子女在流入地参加中高考的问题”，《求是》，2012 年第 4 期。

③ 根据历年全国教育事业发展统计公报整理。

迁子女中，在公办学校就读的比例约为4/5，但仍有一部分在各类民办学校学习，有的学校没有办学资质，有的学校条件差、质量低，还有相当数量的农民工子女在义务教育阶段的后期（尤其是初二）因为多种原因①而辍学。

表3 2011年部分城市流动人口随迁子女在义务教育阶段公办学校就读情况

	义务教育阶段随迁子女总数（万人）	公办学校		民办学校	
		人数（万人）	比例（%）	人数（万人）	比例（%）
北京②	47.8③	33.9	70	—	—
上海④	50.17	36.89	73.53	13.28⑤	26.47
广东⑥	269.2	136	50.52⑦	—	—

（二）中央及地方层面的相关政策进展

1. 中央层面

从20世纪90年代中期开始，农村大量富余劳动力急速涌入经济较发

① 主要包括以下三方面：①农村学校的教学质量相对较差，这使得农民工子女无法顺利考入高中；②上高中对于农民工子女而言，需要增加很多负担（如住宿费、伙食费等），基于成本收益考虑，他们往往放弃继续升学；③现有的中职教育出路不好，不仅解决不了就业，而且也不能保证好的就业，对农民工子女也缺乏足够的吸引力。

② “‘异地高考’有准入条件，北京方案正在研究”，http://learning.sohu.com/20120907/n352553178.shtml。

③ 截至2011年秋季开学，北京市义务教育阶段随迁子女比2010年同期增长了4.4万人，比2000年同期增长了39.3万人。

④ 上海市教委：“完善进城务工人员随迁子女义务教育工作情况”，http://www.shanghai.gov.cn/shanghai/node2314/node28898/node28924/node28925/u8ai28563.html。

⑤ 2011年，上海市的进城务工人员随迁子女中，约有13.28多万人被安排在158所政府购买服务的以招收随迁子女为主的民办小学免费就读。

⑥ 2011年，深圳市义务教育73%的学位、53%的公办学位提供给了非深户籍学生，其中在公办学校就读的学生享受免费义务教育；2004～2011年，在珠海市公办学校就读的流动人口子女人数年均增长率超过10%。

⑦ 这一比例较2010年提高0.22个百分点。

达地带，大量处于义务教育阶段的适龄儿童、少年也随之进城。此时，中央政府已明确意识到1986年确立的适龄儿童和少年在户籍所在地“就近入学”原则的局限性①。针对进城务工人员随迁子女的教育问题，中央在随后的一些重要文件中都做出了战略性的定位和规划（如表4所示），其中最为重要的就是“两为主”政策。

表4　中央有关进城务工人员随迁子女教育问题的重要论述

	文件	要点
1986年	《中华人民共和国义务教育法》	地方各级人民政府应当合理设置小学、初级中等学校，使儿童、少年就近入学
1992年	《〈中华人民共和国义务教育法〉实施细则》	适龄儿童、少年到非户籍所在地接受义务教育的，经户籍所在地的县级教育主管部门或者乡级人民政府批准，可以按照居住地人民政府的有关规定申请借读。借读的适龄儿童、少年接受义务教育的年限，以其户籍所在地规定为准
1998年	《流动儿童少年就学暂行办法》	流入地人民政府应为流动儿童少年创造条件，提供接受义务教育的机会。流入地教育行政部门应具体承担流动儿童少年义务教育的职责……流动儿童少年就学，以在流入地全日制公办中小学借读为主
2001年	《关于基础教育改革与发展的决定》	要重视解决流动人口子女接受义务教育问题，以流入地区政府管理为主，以全日制公办中小学为主，采取多种形式，依法保障流动人口子女接受义务教育的权利
2003年	《国务院关于进一步加强农村教育工作的决定》	城市各级政府要坚持以流入地政府管理为主、以公办中小学为主，保障进城务工就业农民子女接受义务教育
2003年	《关于进一步做好进城务工就业农民子女义务教育工作的意见》	流入地政府负责进城务工就业农民子女接受义务教育工作，以全日制公办中小学为主

① 需要指出的是，在当时非户籍人口数量相对较少的背景下，1986年颁布的《中华人民共和国义务教育法》及1992年制定的《〈中华人民共和国义务教育法〉实施细则》中的有关规定无疑有其针对性和合理性。

续表

	文件	要点
2006 年	《中华人民共和国义务教育法》	父母或者其他法定监护人在非户籍所在地工作或者居住的适龄儿童、少年，在其父母或者其他法定监护人工作或者居住地接受义务教育的，当地人民政府应当为其提供平等接受义务教育的条件
2006 年	《国务院关于解决农民工问题的若干意见》①	保障农民工子女平等接受义务教育。输入地政府要承担起农民工同住子女义务教育的责任，将农民工子女义务教育纳入当地教育发展规划，列入教育经费预算，以全日制公办中小学为主接收农民工子女入学，并按照实际在校人数拨付学校公用经费。城市公办学校对农民工子女接受义务教育要与当地学生在收费、管理等方面同等对待，不得违反国家规定向农民工子女加收借读费及其他任何费用。输入地政府对委托承担农民工子女义务教育的民办学校，要在办学经费、师资培训等方面给予支持和指导，提高办学质量
2010 年	《国家中长期教育改革和发展规划纲要》	坚持以输入地政府管理为主、以全日制公办中小学为主，确保进城务工人员随迁子女平等接受义务教育，研究制定进城务工人员随迁子女接受义务教育后在当地参加升学考试的办法
2012 年	《国家教育事业发展第十二个五年规划》	保障进城务工人员随迁子女享受基本公共教育服务权利。健全输入地政府负责的进城务工人员随迁子女义务教育公共财政保障机制，将进城务工人员随迁子女教育需求纳入各地教育发展规划。加快建立覆盖本地进城务工人员随迁子女的义务教育信息服务与监管网络。鼓励各地采取发放培训券等灵活多样的形式，使新生代农民工都能在当地免费接受基本的职业教育与培训。推动各地制定非户籍常住人口在流入地接受高中阶段教育，省内流动人口就地参加高考升学以及省外常住非户籍人口在居住地参加高考升学的办法

① 国务院研究室负责人在《国务院关于解决农民工问题的若干意见》的答记者问上解释，对输入地政府提出这样的要求，主要基于三点考虑：一是解决农民工同住子女的义务教育问题，并不会引发农民盲目将子女送进城市享受义务教育的状况。二是农民工与当地户籍职工一样，为输入地发展创造了财富，提供了税收，贡献了力量，当地政府应当承担起农民工同住子女义务教育的责任。三是义务教育属于政府应该提供的最基本的公共服务，直接关系国民素质，各地应从全局和长远认识解决农民工子女义务教育问题的重要性。

通过上述梳理不难发现，中央出台“两为主”政策后，“以流入地政府管理为主，以全日制公办学校为主”方式解决相关问题的基本方针可谓“岿然不动”；而中央对流入地政府在教育投入与管理上的责任则规定得越来越明确和细致。与此同时，中央对这一问题的关注焦点，也从最初对“流动人口子女”的强调转向对“农民工子女”的高度重视；对相关人群的受教育年限，也由“完成其常住户籍所在地人民政府规定的义务教育年限”，转至“确保农民工子女义务教育的普及程度达到当地水平”；对相关人群的收费政策，更由当初“可依国家有关规定收取借读费”转向“不得加收借读费及其他任何费用”。正是在上述“变”与“不变”之间，中央逐渐把流入地政府的责任细化和固定下来。

2. *地方层面*

各地政府也出台了各种有关进城务工人员随迁子女教育的政策。

①北京。公办学校准入条件方面，需要提供北京暂住证、在北京实际居住证明、务工证明、户籍所在乡镇政府出具的当地没有监护条件的证明、全家户口簿。对打工子弟学校的支持方面，全市对打工子弟学校[①]的财政投入主要包括：2007 年对批准的 63 所学校每校提供 20 万元的改善办学条件经费；2008 年对上述学校中持有相关证明材料的学生提供免学杂费补助；部分区县尝试委托农民工子女学校实施义务教育的财政投入。

②上海。2008 年确定了“三年行动计划”，规定“到 2010 年农民工子女小学阶段 70% 纳入公办学校就读、初中阶段 100% 纳入公办学校就读，剩余农民工子女全部纳入政府出资改造和提供办学成本补偿的合格民办学校就读。”公办学校准入条件方面，全市 2008 ~ 2010 年共投入资

① 北京市 2011 年关停了 24 所不合要求的打工子弟学校，2012 年又关停了 24 所。

金 103.79 亿元，建设中小学和幼儿园 363 所，其中义务教育学校 144 所，提供约 15 万个义务教育学位，扩大了公办学校的接纳能力；增加公办学校接纳能力方面，凡能提供父母的农民身份证明、在沪居住证明或就业证明的农民工子女，均可申请在公办学校就读并免费接受义务教育；对农民工子女学校的支持方面，全市投入巨资改造了打工子弟学校[①]并将其纳入民办教育管理，政府出资委托其招收农民工子女。

③厦门。从 2011 年秋季开始实行所有符合条件的进城务工人员随迁子女免费接受义务教育的政策，并定下目标：2012 年全市统一义务教育阶段生均公用经费定额标准，2012 年底前在全省率先实现区域义务教育基本均衡发展，2015 年底前在全国率先实现市域内较高水平的义务教育均衡发展。政策中，享受免费义务教育的不仅包括在公办中小学就读的进城务工人员随迁子女，还包括在统筹的民办学校就读的且符合相关条件的进城务工人员随迁子女，政府将对相关民办学校给予一定补助。

④武汉。积极“向农民工子女敞开校门”，提出要让农民工子女“进得来、留得住、学得好”。2007 年 9 月，汉阳区在世界银行—教育部“中国农民工子女义务教育促进研究”试点项目中，围绕“改善入学、加强融合、教学促进”等三方面，从政策措施、学校管理、教师、家长四个层面探索促进农民工子女义务教育的新举措。

此外，安徽、陕西、四川等省份的诸多城市也积极响应“两为主”政策，努力为农民工子女提供机会，吸纳其到就近的公立学校就读。

---

① 上海市共审批设立了 162 所这样的小学，由政府向其购买约 12 万个免费义务教育学位。对新审批的以招收农民工子女为主的民办小学，市财政还给予每所学校 50 万元办学设施改造经费，“不足部分由区县予以补足”。

（三）政策执行过程中的主要问题

1. “两为主”政策执行过程中的财政困局

当前，“两为主”政策在执行中遇到的经费问题主要包括：公共教育经费投资力度不够、政府投资主体重心过低，投资责任含糊[①]；各级、各类政府经费分担责任不明确，区县级财政压力大、公共财政覆盖面小，农民工子女学校缺乏经费保障、经费督导保障政策缺失，进城务工农民子女义务教育经费难落实[②]；流入地城市的区级政府教育财政负担加大、流入地城市的区级政府难以配置教育资源、农民工子女的直接教育成本高于城市学生[③]；农民工子女在流入地公办学校就读比例不高、农民工子女学校的办学水平低、公办学校向农民工子女收取高额的借读费、赞助费[④]；经费投入主体不明、地方财政压力巨大、公办学校得不到应有支持[⑤]等。表面上，进城务工人员随迁子女义务教育存在的诸多经费问题主要体现在经费资源不足；但实际上，这一问题的根本原因并不主要在于资源不足，而是更多源自体制问题，即主要是义务教育财政体制问题[⑥]。

“两为主”政策在执行过程中，义务教育财政体制实际上要处理中央政府与地方政府、城市务工人员流入地政府与流出地政府两组博弈关系。

---

① 田恬，向婷：“我国不同层级政府间分担农民工子女义务教育经费体制的构建”，《知识经济》，2011 年第 1 期。

② 赵格红，王红：“进城务工农民子女义务教育经费分担政策分析”，《新东方》，2012 年第 1 期。

③ 范先佐，彭湃：“农民工子女义务教育经费保障机制构想”，《中国教育学刊》，2009 年第 3 期。

④ 李文彬：“农民工子女义务教育政策执行阻滞研究综述”，《西北农林科技大学学报（社会科学版）》2010 年第 1 期。

⑤ 黄育，姜鹏：“‘两为主’政策执行：困境与超越”，《现代教育科学》，2010 年第 4 期。

⑥ 王金秀，方海波：“解决农民工子女义务教育问题的财政激励机制”，《华中师范大学学报（人文社会科学版）》，2008 年 7 月。

前一组博弈关系具体表现为三个方面：首先，就现有中国财政分权和地方政府考核体系看，地方政府不存在提供义务教育，尤其是流动人口未成年人义务教育的激励①；其次，“两为主”政策要求流入地政府负责，财政部门要安排必要的保障经费，但并未说明由哪一级财政来保障经费②；最后，教育经费投入没有形成稳定的保障机制，使得流入地地方财政压力加大③。

而后一组博弈关系则表现在：“两为主”政策强调流入地政府有不可推卸的责任，而流入地多数为经济发达地区，无法得到县（市、区）级以上财政支持，更别说向上级财政争取经费投入了；流出地多是经济欠发达地区，不仅可以得到中央政府的经济补偿，而且还豁免了对流出儿童的义务教育责任。各级地方政府负责本地区户籍适龄人口的就学费用，导致流入地政府和流出地政府由于经济利益而产生互相推诿。虽然流入

---

① 自1994年实行分税制财政体制改革以来，我国基本上形成了“财政联邦主义”的政府间财政分权体制架构，对调动地方政府发展经济的积极性和增加国家财政收入发挥了较好的作用。但同时中国各级政府间出现财权上移而事权下移的状况，地方政府财力紧张。与此同时，在有限的财力支持下地方政府还面临着发展地方经济建设的重任，对于地方政府而言，将有限的财政收入侧重投入于经济建设，尤其是短时期内能够迅速提高地方经济发展水平、迅速收回成本带来收益的投资项目成为各地方政府的必然选择。因此，相较之下作为基础人力资本投资的义务教育由于其投资时间长，无法迅速带来收益，短期内无法拉动经济增长等原因，并不为各地方政府所重视，义务教育投入的增加只能凭借中央政府行政命令强制推行。

② 地方政府财政至少可有省、市、县三个级别。由于我国特有的政治体制和行政管理模式，上一级政府可以凭借政治权力将事权强加给下一级政府，同时又可以不下划相应的财权，这样极易导致支出责任的层层下划，将公共政策的成本强加给最底层政府。目前，区、县级政府担负着主要的教育财政投入责任，实施“两为主”政策后，实际上也成为区域内农民工子女义务教育的主要财政供给者。但是，同一城市内区一级政府的财政实力并不均衡。

③ 尽管中央政府在“两为主”政策执行过程中也会辅以转移支付为地方政府提供一定经费支持，但由于过于强调“以流入地、以公办中小学为主”却没有明确为如何对“为主”提供融资制度上的保障，因此“以流入地、以公办中小学为主”的政策必然会为流入地地方财政带来额外负担，造成地方财政紧张必定会带来公办教育资源的短缺，加之我国的城市教育存在缺乏前瞻性的规划和布局不够合理等问题，公办教育资源短缺的问题就显得尤为严重，带来的直接后果就是“以中小学为主”的政策在执行过程中得不到充分落实，公办中小学在接收进城农民工子女问题上不堪重负、积极性不高，大量的进城农民工子女不能享有城市优质教育，被迫在教育条件相对低下的民办打工子弟学校就读。

地政府在外来务工子女教育的投入和管理上责任重大，但为了维护自身的利益，其对随迁子女教育问题只是处于一种被动的、消极的处理状态；而流出地政府应该负哪些具体责任，中央没有明确规定。流出地政府责任不明，是“两为主”政策的一个盲点，其中有关经费投入分担机制的问题是其核心，也就是流出地政府有无向流入地政府提供义务教育阶段经费的责任①。

2. 以升学率为标准的教育评价制度影响了城市学校对随迁子女的接纳

随迁子女由于频繁的流动性，以及自身学习条件和家庭教育环境的劣势，使得他们大多数在学习成绩与综合素养上比不上城市的孩子，相对而言，他们的升学率也就较低。当前，很多地方政府部门，乃至教育部门仍以升学率作为衡量教育质量高低的最主要指标，这就使得城市学校为了追求更高的升学率而限制随迁子女进入，甚至干脆直接拒绝接纳随迁子女入学。这样的评价机制严重影响了城市教育对随迁子女的接纳，不利于教育公平的实现。

3. 随迁子女的教育问题成为地方政府倒逼进城务工人员回乡的工具

在一些特大型城市，由于担心人口膨胀，地方政府有意通过维持从紧的随迁子女教育政策倒逼这些进城务工人员返乡或到其他城市中去，这就与随迁子女的教育公平形成了政策目标上的冲突。另外，由于进城务工人员的数量受到经济形势等多种因素影响，流入地政府部门往往难以预测随迁子女的数量，因此教育规划趋于保守，客观上影响了落实情况。

---

① 刘洁：“‘两为主’政策执行中的政府责任”，《重庆科技学院学报（社会科学版）》，2011年第11期。

（四）未来政策取向及若干建议

1. 落实地方“两为主”责任，降低入学条件

一方面，需要通过增加公办学校供给、简化公办学校准入条件、规范公办学校的管理和收费来完善以公办学校为主的政策，扩大公办学校接纳农民工子女的数量，增加农民工子女平等接受义务教育的机会。当然，学位数量既包括公办学校，也应包括质量、安全等达到相关标准的民办学校（其中很重要的一环，就是真正实现义务教育资源的均等化）。流动人口规模较大的地区，有些正处于产业结构调整升级时期，流动人口的规模可能会发生大的变化。除了公办学校接纳外，通过政府购买学位的方式，对这些符合条件、吸纳进城务工人员随迁子女的民办学校予以补贴及相关政策优惠。这样既有利于防止公办学校扩张可能带来的资源浪费，也有利于规范民办学校以实现其在政府部门监管下的健康发展。

2. 鼓励地方以自身财力为主①，提高所有人群接受普通高中教育的机会

作为人口流入地的发达地区中心城市，主要通过城市本级财政扶持的方式，降低普通高中的入学门槛，扩大办学规模，使流动人口属地化教育能按群众意愿延伸到普通高中教育。考虑到进城务工人员随迁子女

---

① 根据《教育部、国家统计局、财政部关于2010年全国教育经费执行情况统计公告》，2010年全国普通小学生均公共财政预算教育事业费支出为4012.51元，其中生均公共财政预算公用经费支出929.89元；全国普通初中生均公共财政预算教育事业费支出为5213.91元，其中生均公共财政预算公用经费支出1414.33元。根据六普数据，如以6~12岁为小学适龄儿童计算，全国流动人口随迁子女小学适龄儿童数为13235307人；以13~15岁初中适龄儿童计算，全国流动人口随迁子女初中适龄儿童数为7104498人。按照上述全国平均的标准，再结合全国流动人口随迁子女义务教育适龄儿童数量，可以估算出公共财政预算教育事业费支出总量约为901.5亿元，即4012.51×13235307+5213.91×7104498（如以7~12岁为小学适龄儿童计算，则为11226837人，同理可估算出公共财政预算教育事业费支出总量为820.9亿元）。这还不包括流入地政府为了容纳更多的学生而新建学校投入的建设费。

的流动类型[①]，以及政策执行的难易程度，近期不妨先解决省内流动（含县市域范围）的这一群体在流入地同等享受普通高中教育（以及参加高考）[②]，同时，在个别城市试点解决跨省流动的随迁子女同等享受普通高中教育的问题。

3. 提高中央和省级政府在教育支出中的分担比例，特别是义务教育支出分担比例

短期内破解“两为主”政策执行过程中的财政困局，尤其是在不改变这一政策的前提下解决进城务工人员随迁子女义务教育经费不足、资源配置不合理问题，最关键的还是在于理顺中央与地方、地方政府之间财政分权关系，建立合理有效的分配机制并使其制度化。其中，应该区分跨省和省内流动的农民工子女，建立相应的各级政府共同分担、以省市政府为主的农民工子女义务教育经费的负担体制。具体来看[③]：跨省流动到非直辖市的农民工子女的义务教育经费，由中央、省、市和区县四级政府分担。具体分担模式可以由各级政府协商确定，但以省级政府为主。跨省流动到直辖市的农民工子女的义务教育经费，由中央、直辖市和区县三级政府分担，以直辖市政府为主。在省内跨市和区县流动的农民工子女的义务教育经费，由省、市和区县三级政府负担，以省级政府

① 我国进城务工人员随迁子女的流动，可分为跨省流动和省内流动（含县市域范围）两种类型。据研究，目前跨省流动的进城务工人员随迁子女占38.09%，省内流动的占61.91%。其中，北京、上海、天津等大都市跨省流动的进城务工人员比例比较大；而省内流动的随迁子女比例较高的地区，主要集中在湖南、安徽、河南等一些人口流出大省，这些省省内流动的随迁子女都占到当地随迁子女的90%以上。

② 为处理好保障受教育权利和人口合理有序流动之间的关系，可考虑不以户籍为依据，而是以更为合理的在当地学籍年限、监护人参加社保的年限为管理手段，允许达到一定年限者在当地上高中和参加高考。同时，加快建立全国联网的中小学学籍管理信息网络，为实现进城务工人员随迁子女在务工地参加中考和高考创造条件。

③ 袁连生：“农民工子女义务教育经费负担政策的理论、实践与改革”，《教育与经济》，2010年第1期。

为主。在直辖市内跨区县流动的农民工子女的义务教育经费，由市和区县政府共同分担，以市级政府为主。之所以直辖市政府承担主要经费责任，既是农民工子女义务教育跨区域准公共产品的属性使然，也是义务教育法提出义务教育经费省级统筹的要求。

二、进城务工人员随迁子女“后义务教育阶段”[①]教育权利问题

进城务工人员随迁子女“后义务教育阶段”教育问题中，讨论较多的就是异地中考[②]和异地高考。相较而言，异地高考问题更为突出、各方更为关注；而且，异地高考问题解决了，异地中考问题也就能够迎刃而解了。因此，本文重点讨论一下异地高考问题。

（一）现有政策

1. 中央层面

《国家教育事业发展第十二个五年规划》中明确提出：“切实保障进城务工人员子女就学”，明确提出将“推动各地制定非户籍常住人口在流入地接受高中阶段教育，省内流动人口就地参加高考升学以及省外常住

---

① 后义务教育阶段主要是指高中阶段教育，其承载主体包括普通高中、成人高中和中等职业学校三类，严格说来，还包括初中后五年制高等职业教育的前三年阶段（详见佘宇、苏杨：“解决关键问题，加快推进教育事业改革和发展”，《民生为本：中国基本公共服务改善路径》，中国发展出版社2012年9月版）。

② 据统计，截至2010年12月，允许进城务工人员随迁子女在流入地参加中考的有津沪皖闽琼鲁6个省市，明确作出规定的有19个地级市（分布于冀黑吉辽等14个省）以及4个区县（分布于皖鲁鄂3省），共涉及20个省市区。各地在流入地参加中考的政策对进城务工人员随迁子女大都设有一定的报考条件，如暂住证、原籍户口、流入地初中学籍证明和父母务工证明等。

非户籍人口在居住地参加高考升学的办法”。

2012年8月30日，教育部联合国家发改委、公安部、人力资源和社会保障部共同出台了《关于做好进城务工人员随迁子女接受义务教育后在当地参加升学考试工作的意见》，要求：“各省、自治区、直辖市人民政府要根据城市功能定位、产业结构布局和城市资源承载能力，根据进城务工人员在当地的合法稳定职业、合法稳定住所（含租赁）和按照国家规定参加社会保险年限，以及随迁子女在当地连续就学年限等情况，确定随迁子女在当地参加升学考试的具体条件，因地制宜制定随迁子女升学考试具体政策，并在2012年年底前出台；教育部、发展改革委适当增加随迁子女净流入数量较大省份的高校招生计划；流出地和流入地要积极配合解决不符合在流入地参加升学考试条件的随迁子女高考问题。”

据教育部部长袁贵仁介绍，这份文件的精神有三点：一是要积极解决，文件规定各地在年底前要出台解决办法；二是要有条件准入，包括家长的条件和学生的条件；三是要因地制宜，各地根据人口流动的具体状况，制定具体的办法，提出具体的条件。

2. 地方层面

部分省份已经有了相关规定。例如：广东在《深入推进基本公共服务均等化综合改革工作方案（2012~2014年）》中提出：“试行异地务工人员子女在输入地就读学校参加中考、高考；探索省内高职高专院校接受外省户籍考生的入学申请。”

山东省在《普通高校考试招生制度改革实施意见》中规定：“从2014年起，凡在山东省高中段有完整学习经历的非户籍考生均可在山东省就地（所就学的高中段学校所在地）报名参加高考，并与山东省考生享受同等的录取政策。”

湖南省教育厅厅长、省委教育工委书记王柯敏表示：“在高考制度改革方面，国家将重点研究出台进城务工人员随迁子女接受义务教育后在当地升学的政策，我们要结合湖南实际出台相应的实施办法。”

表 5　　　　异地高考放开时间一览表①

省区市	方案进度	实施时间	条件
北京	已公布过渡方案，正式方案将争取在 2013 年出台	2013 年（过渡方案）	符合条件的外地户籍学生 2013 年开始可以参加中职考试录取，2014 年开始可以参加高职考试录取。大学本科部分的录取则尚未公布放开的时间表
天津	未公布		将抓紧完善与 2013 年中考中招办法相衔接的普通高校面向随迁子女的招生考试政策
河北	已公布	2013 年	要求考生在流入地具有两年高中学籍，家长也不需要提供社保证明。按河北省教育厅、省发改委等部门制订的方案，随迁子女在河北省参加中考，享受与当地常住户籍人口子女同等待遇
山西	已公布	2014 年	进城务工人员随迁子女在山西省境内父母经常居住地连续 3 年接受高中教育并有正式学籍，提供家长合法稳定职业、合法稳定住所（含租赁）和高中段学籍证明
内蒙古	已公布	2014 年	符合以下 2 个条件，可在流入地参加 2014 年高考，仅限报考高职高专院校（专业）：本人具有内蒙古高中阶段学校（含中等职业学校）学籍且连续就读满 2 年；家长在内蒙古拥有合法稳定住所、合法职业且纳税（或按国家规定参加社会保险）均满 2 年。同时符合以下三个条件，可在户籍所在地参加 2014 年普通高考，并可参与本专科院校录取：本人具有内蒙古高中阶段学校（含中等职业学校）学籍且连续就读满 2 年；本人取得内蒙古户籍满 2 年。家长在内蒙古拥有合法稳定住所、合法职业且纳税（或按国家规定参加社会保险）均满 2 年

① 原文引自“9 省区市异地高考方案出炉，多地承诺年内公布细则”，载中国经济新闻网，2012 年 12 月 27 日；后根据各地政策进展略有更新。

续表

省区市	方案进度	实施时间	条件
辽宁	已公布	2013 年	在辽宁省高中阶段有三年学籍，并有完整学习经历。父母在辽宁具有合法稳定职业和合法稳定住所（含租赁）
吉林	已公布	2013 年	考生在吉林省普通高中阶段有完整学习经历；其父母在该省有合法职业、合法稳定住所（含租赁）并参加社会保险 3 年以上
黑龙江	已公布	2013 年	满足本省学籍、高中连读三年、有稳定住所三个条件的考生可就近报考
上海	已公布	2014 年	持有上海居住证 A 证的来沪外来务工人员子女在上海参加高中阶段学校招生考试并完成高中阶段完整学习经历，可在当地报考
江苏	已公布	2013 年	凡在江苏省取得普通高中学籍并有完整普通高中学习经历，其监护人在本省有合法稳定职业，合法稳定住所（含租赁）的随迁子女均可参加高考
浙江	已公布	2013 年	考生取得在该省完整的高中阶段连续学习经历和学籍，符合该省高考报名的其他条件
安徽	已公布	2013 年	中考高统筹，唯一要求“高中阶段完整学籍”
福建	已公布	2014 年	有三年完整学习经历的非户籍考生
江西	已公布	2014 年	在江西高中阶段具有一年以上学习经历并取得学籍，系已知条件门槛最低方案
山东	已公布	2014 年	凡在山东省高中段有完整学习经历的非户籍考生均可在山东就地（所就学的高中段学校所在地）报名参加高考，并与山东省考生享受同等的录取政策
河南	已公布	2013 年	凡在河南省就业的非就业地户籍人员子女，父母一方有合法职业和稳定住所（含租赁）并符合以下条件的，可在学籍所在地参加升学考试，并与当地户籍考生享受同等待遇：初中应届毕业生参加中考，须具有流入地正式学籍；普通高中和中职学校（含普通中专、职业中专、职业高中、成人中专、技工学校）应届毕业生参加高考，须具有当地学校正式学籍

续表

省区市	方案进度	实施时间	条件
湖北	已公布	2013 年	具有湖北省高中阶段教育的学籍，并在湖北省完成 3 年的高中阶段教育学习；随迁子女考生的父（母）或法定监护人有合法稳定职业、在现居住地有合法稳定住所（含租赁）。符合条件的外省籍随迁子女在 2013 年 2 月 26 日至 3 月 1 日予以补报
湖南	已公布	2013 年	外省籍随迁子女接受义务教育后，可通过中考录取到流入地普通高中学习，或凭初中毕业证书通过注册入学进入流入地中等职业学校学习；自高中一年级起（含高一的第二学期）在流入地普通高中学校就读，取得就读学校学籍，并参加了湖南普通高中学业水平考试的应、往届毕业生，可凭学籍证明和其父母居住证在湖南报名参加普通高等学校招生考试；在湖南连续就读两年以上（含两年）的中等职业学校应、往届毕业生，可参加湖南省普通高等学校对口招生考试
广东	已公布	2013 年	2013 年起，通过积分入户广东的异地务工人员、高技能人才，其随迁子女可在广东报名参加高考。其他符合条件的随迁子女从 2014 年开始可以报考高等职业学院，2016 年可以报名参加高考。而广东和上海的另一项政策，都是针对积分入户或者取得工作居住证的外来人员的子女
广西	已公布	2013 年 10 月 1 日	在广西初中学校就读三年，取得广西初中毕业证书，具有广西高中阶段完整的学籍，在广西高中学校实际就读，参加广西高中学业水平考试截至年度高考报名前开考的全部科目考试，其父母其中一方（或法定监护人）在广西流入地具有合法稳定职业、合法稳定住所（含租赁）3 年以上，可不受户籍限制。没有在广西接受完整的初中阶段义务教育，申请在广西参加普通高考的外来人员，要求其必须同时满足学籍、户籍及法定监护人等三方面条件

续表

省区市	方案进度	实施时间	条件
海南	未公布		异地高考方案的研制、论证工作已基本完成，将于近日正式通过并向社会公布
重庆	已公布	2013 年	具备在重庆高中阶段三年连续完整的学籍并就读；普通高中学生家长（父亲或母亲）还应在重庆有合法稳定职业、合法稳定住所（含租赁），中职学生家长不作条件限制；符合重庆市普通高考其他报名条件
四川	已公布	2014 年	在四川就读的初中、高中毕业学生均可在当地报考在该省招生的中等职业学校。凡父母在四川有合法稳定职业和住所（含租赁），在父母就业和居住地具有高中阶段学籍和 3 年完整学习经历且符合普通高考其他报名条件的学生可在就读地报名参加普通高考
贵州	暂行规定出台	2014 年	取得贵州省初中毕业证书，高中阶段在贵州省连续就读三年，有贵州省高中阶段三年完整学籍，考生高考报名前，其父亲（或母亲）在贵州省居住，有合法稳定住所、合法稳定职业，持有贵州省居住证（或暂住证）和在贵州省连续缴纳社会保险三年以上（含三年）
云南	已公布	2013 年	考生本人户籍转入云南满三年，在云南高中连续就学时间满三年，具有相应学籍，其父（母）亲在云南具有三年合法稳定职业、合法稳定住所（含租赁）和社保缴费记录的情况，就可报考云南省属院校。而无云南户籍的考生仅可在该省报考三本、专科和高职院校
西藏	未公布		
陕西	已公布	2014 年（渐进推行）	完整学籍、父母社保缴纳证明及居住证均成为“硬指标”。符合条件的随迁子女 2014 年起可在陕西参加中考，根据考试成绩，考生可选择升入普通高中、高职 5 年制大专、中专或职业高中；2016 年开始，符合条件的外地户籍考生可在陕西参加高考

续表

省区市	方案进度	实施时间	条件
甘肃	已公布	2013 年（渐进推行）	在进城务工人员具有合法稳定职业、合法稳定住所（含租赁）并按照国家规定参加社会保险等前提下，2013 年和 2014 年在甘肃参加高考的考生仍需具有该省的户籍。2015 年起，进城务工人员随迁子女具有甘肃省连续高中三年学籍的，可在该省报名参加普通高考
青海	政策被误读，并未放开异地高考		考生及家长在高考报名前已在青落户且学籍在高考报名前已转入青海，并且其原籍省（区、市）高考科目与青海高考科目一致（不一致则由省招办按照青海省高考分值进行折算），就可以在青海参加高考
宁夏	已公布	2014 年	考生本人须在宁夏初中和高中学校连续就读满 6 年（截止日期按考生参加普通高考当年 8 月 31 日前推计算），具有宁夏高中阶段学籍和宁夏普通高中学业水平考试成绩；考生父或母（其他法定监护人）在宁夏具有连续 6 年以上（含 6 年）合法稳定职业、合法稳定住所，并在宁夏累计缴纳 3 年以上社会保险参保费
新疆	将适时出台随迁子女在本地参加升学考试的具体办法		随迁子女就地高考要有条件准入，包括家长、学生和所在城市三方面需要符合基本条件

（二）主要问题

1. 异地高考门槛如何设定

异地高考政策背后的实质性问题是教育公平问题，而要实现相对平等的群体对待，首先就是合理设定异地高考的门槛。

一方面，如果地方政府设置的门槛过高，要求进城务工人员必须出具当地房产证（并具体到多少面积），对社保年限、连续就学年限提出极高的要求，那么能享受到异地高考政策的进城务工人员子女将会很少，真正需要从这一政策中受益的群体就无法享受应有权益。

另一方面，如果门槛设置过低则会造成更多问题（例如高考“移民”、对流入地本地考生的不公平等），所以这一标准显得十分重要。据教育部最新文件的规定，设定这一标准的权力在省一级地方政府手中，因此，这一问题的解决又与地方政府在高考中的利益纠葛联系在了一起。

2. 地方政府在异地高考政策中的利益纠葛

正如教育部相关负责人所言，异地高考的最大困难在于“既想要解决随迁子女的考试问题，又不能影响北京、上海当地考生的权益”，而地方政府作为主要的政策制定者必将权衡随迁子女和本地考生的利益。

一方面，地方政府要保障本地考生的需求，不能因为随迁子女的到来而使本地考生接受高等教育的机会过分减小。对这一问题，教育部的解决方案是由教育部协调招生计划，将招生计划向进城务工人员子女聚集的地方倾斜，即“对符合在当地参加升学考试条件的随迁子女净流入数量较大的省份，教育部、发展改革委采取适当增加高校招生计划等措施，保障当地高考录取比例不因符合条件的随迁子女参加当地高考而受到影响”。

但另一方面，地方政府也是部属院校的支持者之一，部属院校在资金、学校发展等方面都有求于地方政府，需要得到其支持。对本地生源的招生数量，则是校方制约或者示好地方政府的砝码。通常的情况是，部属高校以提高当地录取比例的方式，对地方政府的付出给予回报。如果高校在流入地的招生计划投放增多，势必要求地方政府对其支持力度也要加大。因此，这一政策将面临教育部出政策、地方政府埋单的利益纠葛。

现行的政策是，异地高考的增招计划由教育部与国家发改委负责，地方政府负责具体实施，但没有明确提及教育融资的责任问题。考虑到我国高等教育早已推行多渠道筹资政策，地方高校几乎由地方全额融资，仅有的百多家中央直属高校也一直要求地方提供配套资金。在这一格局下，只能假设地方政府继续是这些新增学额的融资主角。我国行政体制改革一直要求事权与财权对等，为何赋予地方政府如此大的自由裁量权，也就不难理解。但是，要想落实好异地高考，真正为进城务工人员随迁子女带来切实福利，上述公平问题以及地方埋单问题，需要深入思考与做好统筹。

3. 异地高考政策可能带来随迁子女和留守儿童之间的不公平

除了随迁子女之外，进城务工人员的子女还有很大一部分仍留守在家乡①，他们的高考问题和教育问题也需要关注。教育部表示要适度增加流入地的招生计划名额，那么这些“适当增加”的计划分流自何处？如果招生名额不变，是否要通过削减其他低录取率省份的学额来满足京、沪等大城市的需要？对于全国考生来说，这无疑显失公平。其次，站在非户籍考生流出地的一些考生的角度看，仅仅是因为自己选择做了“留守儿童”而不是“随迁儿童”，就无法享受京、沪等大城市的高录取率，这似乎也并不公平。

（三）改革思考

目前国务院的意见，还是在现有高考制度框架下寻求异地高考解决方案。但是，从长远看，在异地高考矛盾突出的地区，解决异地高考问题，必须突破现有高考制度框架，探索与高考改革相结合的思路。毋庸

---

① 《2011 年全国教育事业发展统计公报》显示，2011 年全国义务教育阶段在校生中农村留守儿童共 2200.32 万人。其中，在小学就读 1436.81 万人，在初中就读 763.51 万人。

置疑的现实是，即便中央出面协调各地的招生录取指标，地方政府还是会根据本地的社会、经济、教育发展情况设置异地高考的条件。如此一来，异地高考问题也就无法得到根本解决。

要根本解决异地高考问题，就需要尽快推进高考制度改革，打破现行的高考分省按计划集中录取制度——正是由于这一制度的存在，才把高考录取指标变为各地的“蛋糕”，也才有高考按户籍报名的规定。如果我国实行基于统一测试的高校完全自主招生①，高考报名户籍限制也就失去存在的土壤，异地高考也就完全实现。

作为资源争夺的焦点，高校应当从不平衡的地域经济发展环境和失衡的资源分配中独立出来，实现真正意义上的“国立”，而不是“省立”、“市立”。让教育资源重新回归到统筹配置的统一轨道上来，高考才能成为全民福利和平等机会，才不至于成为被地域垄断的资源，成为某些地方民众的“福利后花园”。

至于高职教育方面，如果实行“注册入学，申请入学”，就可以取消报考高职、高专的户籍限制。换言之，进城务工人员随迁子女只要有高中毕业学历，都可自由申请入学，从而也就解决了占高等院校招生规模约一半左右的异地高考问题。

佘　宇　执笔

参考文献

[1] 阿玛蒂亚 - 森，让 - 德雷兹（Amartya Sen & Jean Dreze）. 印度：经济发展与社会机会. 北京：社会科学文献出版社，2006

---

① 当然，高校自主招生只是改革方向，从近期来看不可能成为主流，按省分配名额可能会维持较长时期。名额如何分配、央属高校如何改革等，都是下一步亟需解决的问题。

[2] 周佳．教育政策执行研究——以进城就业农民工子女义务教育政策执行为例．北京：教育科学出版社，2007

[3] 吴霓，朱富言．农民工子女异地中考政策研究．北京：教育科学出版社，2011

[4] 中国进城务工农民子女教育研究及数据库建设课题组．中国进城务工农民随迁子女教育研究．北京：教育科学出版社，2010

[5] 高书国主编．中国人口文化素质——从战略追赶到局部跨越（内部文稿）．2012

[6] 佘宇，苏杨．解决关键问题，加快推进教育事业改革和发展．民生为本：中国基本公共服务改善路径．北京：中国发展出版社，2012

[7] 吴霓．进城务工人员随迁子女在流入地参加中高考的问题．求是，2012（4）

[8] 田恬，向婷．我国不同层级政府间分担农民工子女义务教育经费体制的构建．知识经济，2011（1）

[9] 赵格红，王红．进城务工农民子女义务教育经费分担政策分析．新东方，2012（1）

[10] 范先佐，彭湃．农民工子女义务教育经费保障机制构想．中国教育学刊，2009（3）

[11] 李文彬．农民工子女义务教育政策执行阻滞研究综述．西北农林科技大学学报（社会科学版），2010（1）

[12] 黄育，姜鹏．“两为主”政策执行：困境与超越．现代教育科学，2010（4）

[13] 王金秀，方海波．解决农民工子女义务教育问题的财政激励机制．华中师范大学学报（人文社会科学版），2008（7）

[14] 刘洁．“两为主”政策执行中的政府责任．重庆科技学院学报（社会科学版），2011（11）

[15] 袁连生．农民工子女义务教育经费负担政策的理论、实践与改革．教育与经济，2010（1）

专题四

城镇化进程中的低收入群体住房政策

一、城镇化与住房政策的变化

（一）住房体制改革：从“福利房”到市场化

在1978年改革开放前，我国长期实行与计划经济体制相适应的住房制度，在农村通过无偿划拨“宅基地”形式向农民提供住房保障，在城镇则实施住房实物配给制度，住房作为国家或单位提供给职工的福利之一，政府采用行政手段来调节住房的供应与分配，实行实物分配，即以福利分房与低租金形式体现。住房困难是房改的直接动因，而真正意义上的住房制度改革起始于1978年和1980年邓小平同志的两次重要讲话。概括起来，如表1所示。

表 1　　我国城镇住房政策的发展沿革

	住房政策模式	具体政策措施
试点阶段（1980～1988 年）	正式宣布住房商品化的政策探索三大改革	《全国基本建设工作会议汇报提纲》：出售新、旧公房；住房商品化；租金改革三大试点
从分批分期到全国推进房改阶段（1988～1994 年）	尝试出售新旧公房作为基本模式推动住房商品化	改革公房低租金制度；积极组织集资建房和合作建房；公有旧住房按标准价出售；大力发展经济实用的商品住房
深化城镇住房制度改革阶段（1994～1998 年）	推行住房商品化	《关于深化城镇住房制度改革的决定》：建立以中低收入家庭为对象的经济适用住房供应体系；建立以高收入家庭为对象的商品房供应体系
停止住房实物分配，实行住房分配货币化阶段（1998～2003 年）	住房商品化，以市场供应为主	《关于进一步深化城镇住房制度改革，加快住房建设的通知》：停止住房实物分配；全面推行公积金制度；建设经济适用房、廉租房
调控房地产市场，建立住房保障制度阶段（2003～2007 年）	调控商品住宅市场，多渠道提供住房	国务院颁发了“国八条”、新“国八条”、“国六条”等一系列重要文件稳定房价，调整住房供求的结构性矛盾，加快建立和完善住房保障制度
强化住房保障制度（2007 年开始）	保障性住房体系建设	《国务院关于解决城市低收入家庭住房困难的若干意见》：建立健全城市廉租住房制度；明确规定各级国家机关一律不得搞单位集资合作建房；规定了新建保障住房的面积标准

（二）低收入群体住房问题

1. 城市本地低收入群体：群居、地下室、棚户区

①城市低收入家庭。按照我国政府相关文件的界定，“城市低收入家庭”主要指城市的无业、无劳动能力以及企业失业下岗人员，大体上与“城市低保对象”的范围相当。这类人员学历不高、劳动技能差、年龄也偏大，在劳动力市场上属于弱势群体。据相关数据显示，截至 2006 年底，

全国约有1000万户城市低收入住房困难家庭，约占城市居民家庭总数的5.5%，且人均住房面积不足10平方米，需要纳入到住房保障体系当中（杜宇，2011）[①]；全国已有512个城市建立了廉租住房制度，全国实际享受过廉租房政策家庭仅26.8万户，占低保住房困难家庭的6.7%，占低收入住房困难家庭的2.7%，占全国城市家庭的0.15%（孙玉波，2007）[②]。而且，值得指出的是，现有城市低收入家庭所住的老旧房屋大多结构简陋，功能不全，年久失修，危房比例高，安全隐患大，基础设施很不完善。

②蚁族群体。“蚁族”是对“高校毕业生低收入聚居群体”的典型概括，是继三大弱势群体（农民、农民工、下岗职工）之后的第四大弱势群体。他们受过高等教育，主要从事保险推销、电子器材销售、餐饮服务等低层次、临时性的工作，有的甚至处于失业半失业状态；平均月收入低于两千元，绝大多数没有“三险”和劳动合同；平均年龄集中在22~29岁之间；主要聚居于城乡结合部或近郊农村，形成独特的“聚居村”。根据有关研究显示，该群体主要聚居于人均月租金377元，人均居住面积不足10平方米的城乡结合部或近郊农村，已经形成了一个个聚居区域——“聚居村”（廉思，2009）[③]。这一群体的人数到底有多少，没有确切的统计数字。研究表明，仅北京地区保守估计就有10万以上；此外，上海、武汉、广州、西安等大城市也都大规模存在这一群体。

2. 农民工（工地、宿舍、城中村）

随着城镇化进程的加快，我国农民工群体的规模呈加速增长态势。1978年到2003年，农民工人数从不足2000万扩张到9900万，2007年更

① 杜宇：“我国住房保障制度初步形成，扶持政策频频出台”，新华网，2011年1月6日。

② 孙玉波：“全国512个城市建立廉租房制度”，《北京日报》，2007年8月31日。

③ 廉思：《蚁族：大学毕业生聚居村实录》，广西师范大学出版社2009年版。

是达到2.26亿人，农民工群体日益成为中国城市社会结构的一个重要组成部分。长期以来，农民工为中国城市经济发展作出了巨大贡献，然而他们最基本的住房问题却得不到解决。从总体上来看，目前农民工群体的居住生态比较恶劣，大多数农民工所住房屋周围环境很差，脏、乱、噪音污染严重，无物业管理，室内卫生设备缺乏，共用水龙头、厕所、淋浴等。在居住分布上呈“大分散、小集中”的特点，主要零星分布在一些市区尚待改造的“城中村”或郊区临时搭建的危简、违章“棚户区”；在居住形式上以“租赁房屋”和寄居“宿舍、工棚”为主（胡昊，殷婷婷，2007）①。在住房福利方面，农民工既不能获得福利住房，也不可能从国家和单位获得补贴。

虽然目前中央和各地已开始重视流动人口的住房问题，但相比庞大的流动人口群体来说，解决的力度只是杯水车薪。如果以我国城镇家庭30%～40%的比例提供公共住房，而流动人口工资仅为户籍劳动力的60%左右计算，至少要有50%以上的流动人口需要政府帮助其解决住房问题。因此，在保障性住房的供应体系中，不仅政策面的偏差会造成供应缺口，实际执行面的偏差会造成更大的缺口。

大部分地区未将农民工作为住房保障对象，公租房、廉租房、经济适用住房等保障性住房基本上不对外来农民工开放，也缺乏针对农民工特点的租金补贴和实物配租政策。农民工住房支付能力弱，在城镇居住条件低劣，很大一部分农民工仍居住在地下室、棚户区、工棚，严重影响了生活质量（韩俊，2013）②。

① 胡昊，殷婷婷：“农民工城市住房保障政策研究”，《上海房地》，2007年8月。

② 韩俊：“农民工市民化实质是公共服务均等化”，《经济参考报》，2013年2月4日。

（三）住房保障政策进展

2008年以后，以经济适用住房和廉租房为主体的保障性住房建设和投资落实问题备受关注。为此，中央于2008～2011年出台了一系列文件和通知，进一步规定了保障性住房的建设规模、未来规划、资金投入和保证等问题，随之而来的就是全国保障性住房建设规模大幅增加。随着建设力度逐步加大，我国保障性住房进入加速发展阶段。2009年全国新开工各类保障性住房397.7万套，2010年新开工保障性住房580万套，2011年计划建设1000万套保障性住房（截至10月底已提前完成开工建设[①]），其中，比上一年增加的400多万套保障性住房中，约有一半为公共租赁住房（220万套）。另外，从这些文件或论述中（特别是2010年以来）也可以发现，中央政府保障性住房建设的思路也在发生变化，即公共租赁住房将逐渐取代廉租房和经济适用住房，成为未来我国保障性住房的主体。

表2　　2008～2011年我国有关保障性住房的重要论述

时间	来源	要点
2008年10月19日	国务院常务会议	1. 加大保障性住房建设规模，计划2009～2011年，将增加400多万套经济适用住房； 2. 增加200多万套廉租住房
2008年11月5日	国务院常务会议出台扩大内需十项措施（国十条）	1. 中央准备在3年内用9000亿元加大保障性住房建设，以此来解决1300万户居民的基本住房问题； 2. 加大廉租住房建设支持力度

① “我国今年保障性住房建设规模创历史之最”，http：//news.sina.com.cn/c/2011－12－05/033823574164.shtml。

续表

时间	来源	要点
2008 年 12 月 21 日	国务院《关于促进房地产市场健康发展的若干意见》	1. 加大保障性住房建设力度，争取用 3 年时间基本解决城市低收入住房困难家庭住房问题； 2. 主要以实物配租方式，结合发放租赁补贴，解决 260 万户城市低收入住房困难家庭的住房问题
2009 年 1 月 9 日	全国建设工作会议	1. 以实物方式为主，结合发放租赁补贴，解决 260 万户城市低收入住房困难家庭的住房问题； 2. 解决 80 万户住在煤矿、林区、垦区棚户区的住房困难家庭的住房问题； 3. 新增经济适用住房 130 万套
2009 年 5 月 22 日	《2009 ~ 2011 年廉租住房保障规划》	从 2009 年起到 2011 年，争取用 3 年时间，基本解决 747 万户现有城市低收入住房困难家庭的住房问题，3 年内再新增廉租住房 518 万套、新增发放租赁补贴 191 万户
2009 年 12 月 24 日	《关于推进城市和国有工矿棚户区改造工作的指导意见》	结合开展保障性住房建设，用 5 年左右时间基本完成集中成片城市和国有工矿棚户区改造
2010 年 1 月 7 日	《国务院办公厅关于促进房地产市场平稳健康发展的通知》（国十一条）	强调在 2010 ~ 2011 年住房建设规划中要重点明确公共租赁住房的建设规模
2010 年 4 月 17 日	国务院《关于坚决遏制部分城市房价过快上涨的通知》	加快保障性安居工程建设，确保计划 580 万套保障房开工建设
2010 年 6 月 8 日	《关于加快发展公共租赁住房的指导意见》	各地区、各部门要统一思想，提高认识，精心组织，加大投入，积极稳妥地推进公共租赁住房建设
2010 年 12 月 10 日	中央经济工作会议	加快推进住房保障体系建设，加大保障性安居工程建设力度，逐步形成符合国情的保障性住房体系和商品房体系
2011 年 1 月 26 日	国务院常务会议研究部署做好房地产市场调研工作（国八条）	加大保障性安居工程建设力度……努力增加公共租赁住房供应

续表

时间	来源	要点
2011 年 3 月 6 日	十一届全国人大四次会议记者会	未来 5 年，要建设城镇保障性安居工程 3600 万套，其中今年 1000 万套，明年 1000 万套，后面三年还有 1600 万套，使保障性住房的覆盖率达到 20%
2011 年 3 月 16 日	国家“十二五”规划纲要	重点发展公共租赁住房，逐步使其成为保障性住房的主体

二、农民工住房状况与需求

（一）住房状况

《2011 年我国农民工调查监测报告》显示，外出农民工居住情况如下。

首先，外出农民工以雇主或单位提供住宿为主。其中，以受雇形式从业的农民工，由雇主或单位提供宿舍的占 32.4%，在工地或工棚居住的占 10.2%，在生产经营场所居住的占 5.9%，与他人合租住房的占 19.3%，独立租赁住房的占 14.3%，有 13.2% 的外出农民工在乡镇以外从业但每天回家居住，仅有 0.7% 的外出农民工在务工地自购房；分地区看，在东部地区务工的农民工居住条件要好于中西部地区，在工地、工棚及生产经营场所居住的比例要明显低于中西部地区。从近几年农民工居住情况的变化看，在单位宿舍和生产经营场所居住的比例呈下降趋势，而与他人合租住房、乡外从业回家居住的比例呈上升态势。具体情况如表 3 所示。

表 3　2011 年外出农民工在不同地区务工的住宿情况（%）

	全国	东部地区	中部地区	西部地区
单位宿舍	32.4	35.2	28.9	24.0
工地工棚	10.2	7.4	15.6	16.8
生产经营场所	5.9	5.2	7.3	7.5
与他人合租住房	19.3	20.9	14.5	16.8
独立租赁住房	14.3	14.2	12.4	16.3
务工地自购房	0.7	0.6	0.8	1.0
乡外从业回家居住	13.2	13.2	15.2	11.5
其他	4.0	3.3	5.3	6.1

其次，四成外出农民工的雇主或单位不提供住宿也没有住房补贴。从外出受雇农民工的居住负担看，49.9%的农民工由雇主或单位提供免费住宿；8.8%的农民工雇主或单位不提供住宿，但有住房补贴；41.3%的农民工雇主或单位不提供住宿也没有住房补贴。雇主或单位不提供住宿的农民工每人月均居住支出 335 元，占其月均收入的 16.0%。

（二）实际需求

《2011 年我国农民工调查监测报告》显示，2011 年全国农民工总量达到 25278 万人，比上年增加 1055 万人。其中，外出农民工 15863 万人，增加 528 万人；举家外出农民工 3279 万人，增加 208 万人。大体而言，在城镇常住人口中每 4 个就有 1 个是农民工。有关调查显示，新一代农民工中 80%想留在城镇，想回到农村居住的连 10%都不到。

韩俊[①]认为，解决农民工的住房保障问题，现在面临的最大问题是农民工的住房支付能力，与现状的市场房价和市场租金的水平还有很大

① “‘中国保障性住房政策’国际研讨会观点综述”，《中国发展研究基金会研究参考》，2012 年第 15 号。

差距。据调查，大多数农民工能够承受的平均商品房价为每平方米2214元，可以承受的月租金水平是292元每间，而现在北京楼宇地下室的一个床位的月租金都要300元，超过了农民工的可承受水平。所以，大量的农民工现在居住条件非常简陋，甚至可以说不少农民工的居住条件非常恶劣，能够在城市稳定而有尊严地居住已经成为亿万农民工最迫切的要求。

李秉勤等人的研究[①]表明，由于雇主提供住房的主要动机并非满足进城务工人员的需要，而是基于对竞争力和利润的追求；所以，一些雇主采取了最低标准的办法，房屋质量和居住环境较差[②]。虽然雇主提供住房比私人租房有更多的问题，但从住房满意度的调查来看，受访的进城务工人员却似乎更喜欢雇主提供住房，这是因为其更廉价且上下班更便捷。该研究的结论是，“雇主提供住房可能是一个非常令人满意的移民者住房来源；然而，那些想要减少生产成本的雇主对高质量可能并没有兴趣。同时，外来务工者，特别是那些看重较低成本以及便捷的上下班的新来者，他们情愿住在雇主提供的住房内，即使房屋质量低劣。……很难说，如果在私人租赁市场有更低廉、质量更好的住房，工人们是否会选择住在私人房东提供的租房内。由此可见，我们遇到了一个市场失灵的典型情况。雇主和工人都认同低质量的住房，然而这不是社会所期望看到的。”

---

① “中国城市中雇主作为房东为进城务工者提供住房”，http：//www. ccpg. org. cn/Article/ShowArticle. asp？ArticleID = 1644。

② 例如，过度拥挤是外来务工者住房的一个众所周知的特征，而雇主提供的住房也不例外；事实上，它可能比私人租房更拥挤。这与宿舍的布局有很大关系，4到8个人共享一间房是很普遍的情况。而如果是一间公寓，平均会有6到9个人共住。对于一些居民而言，过度拥挤可能会使一些有严重问题的缺少基础设施的住房其问题更严峻。

三、政策调整方向

（一）保障性住房的区位选址应与城市发展总体布局相衔接

正如大多数研究表明的那样，保障房选址布局应优先选用周边配套较成熟、公共交通较便捷的已开发地区，使保障房区位与城市发展总体布局相衔接。这方面，部分城市的做法值得借鉴。例如，深圳市将保障性住房居住区确保在公交车站点500米半径覆盖范围内或地铁800米半径覆盖范围内，区域公交线网密度不低于3公里/平方公里，区域人均公交车辆拥有率不小于10标车/万人。此外，深圳市还计划以轨道及道路规划建设为契机，推进轨道站点沿线区域改造配建保障性住房，以及客运站等重大基础设施建设区周边的更新改造配建保障性住房。又如，重庆市公共租赁住房按照“均衡布局、交通方便、配套完善、环境宜居、利于就业”的原则和“小集中、大分散”的思路进行选址布局，实现住房建设与产业发展、空间拓展相协调[①]。选址方面，还有一种“凭空造地”的模式也值得一提，那就是在国外和我国香港地区较为成熟的“地铁车辆段上盖开发”[②]，北京市已于近期开始尝试通过这种集约用地的新模式建设保障性住房[③]。

---

① 郑思齐：“典型城市保障房建设的资源筹集策略选择研究”，《中国发展研究基金会研究课题》第119期，2012年8月。

② 地铁上盖开发，是指在离地面9米~13米的地铁终点站停车库库顶进行民用建筑开发建设。以香港为例，由于用地紧张，香港几乎每个地铁站都与周边的商业和居住区紧密联系，很多居住区与地铁站结合成一个综合性建筑体，即真正意义上的地铁上盖物业。这种利用工业厂房屋顶人为改造出一块建设用地的做法，在节约土地资源的同时，实现了可观的经济效益。

③ “北京尝试‘地铁上盖’开发住房——将在两个地铁终点站停车库库顶建9万平方米保障房”，中国国土资源报2013年2月27日，http：//www. gtzyb. com/yaowen/20130227_31514. shtml。

（二）保障性住房的建设标准既要“限低”又要“限高”

简单来说，“限低”就是要严把保障性住房的质量关，实现基本功能分区（如，每套住房应设卧室、厅、厨房和卫生间等基本空间，达到入住的基本要求），使其成为符合设计标准的“安居工程”。“限高”就是严控房屋面积、室内装修等标准，防止出现当年经济适用住房政策发展过程中诸如规格超标、供应对象失控等问题①。这方面，部分城市也已有明确规定。例如，在房屋面积方面，深圳市规定经济适用住房单套建筑面积一律不超过60平方米，公共租赁住房单套建筑面积一律不超过50平方米，廉租住房单套建筑面积一律不超过40平方米。又如，黄石市棚户区改造新建住房应以中小户型为主，建筑面积原则上应在90平方米以内，考虑还建、购买、共有产权等多种可能性，平均每套建筑面积在80平方米左右。

（三）政府引导园区企业为进城务工人员提供较好住房条件

正如有关研究（李秉勤，2012）表明的那样，寄希望于企业（雇主）主动改善员工住房质量并不现实。但考虑到进城务工人员现实中的选择偏好，企业（雇主）提供的宿舍对于解决这一群体住房问题仍发挥着一

① 以北京市为例，2006年经济适用住房户型面积90平方米以下的占54.9%，90～105平方米的占23.2%，105～120平方米的占20.4%，120平方米以上的占1.5%。该市天通苑经济适用住房小区有许多150平方米以上的大户型，甚至还有200～300平方米的，住户基本上不是贫民，绝大部分是机关干部、企业白领、医生、教师、小企业主等中等收入家庭，大户型经济适用住房受到很多中高收入购房者青睐。2005年，全国工商联住宅产业商会所属的中国房地产报告（REICO）通过对北京经济适用住房的抽样调查发现，经济适用住房主要满足中等偏上收入家庭的需要，而中等偏下和低收入家庭所占比例并不高，且部分经济适用住房是用于投资，自用率平均仅为51.34%，完全违背政策初衷。此外，实际建设中经济适用住房也只占住宅建设很小比例，2005和2006年北京经济适用住房施工面积仅占同期商品房施工面积的8%，远远低于该市符合条件、占家庭总数70%的居民的购房需求。

定作用，且在现实中不易为其他住房供给形式替代。因此，政府有必要采取措施予以干预或引导。或借鉴部分城市（如黄石市）在工业园区、劳动力集中的区域建设公共租赁住房（也可以采取政府在工业园区内与企业合作建设公共住房的方式），解决园区内企业员工的居住问题，或通过税收减免、财政补贴等“看得见”、“摸得着”的优惠政策，鼓励企业（雇主）提供符合政府质量标准、入住条件的住房（宿舍）以拓展保障性住房的房源。当然，由于企业类型的差异[①]，近期应着重解决园区内企业员工的住房问题，不断积累经验以便向园区外企业扩展。与此同时，对于那些在城市就业和参加社保已经达到一定年限，相对稳定的进城务工人员，要尽快将其纳入当地的住房保障体系，进一步实现其在城市社会的融入。

（四）总结各地实践经验，审慎推进“城中村”改造工作

正如有关研究[②]表明的那样，虽然现有的“城中村”存在诸多问题[③]，但其向外来人口提供了大量廉价住房，承担了低成本社会住房的角色，对解决城市住房问题具有积极的一面。如果在改造“城中村”的同时，政府并未提供具有替代性的面向外来务工人员的保障性住房供给，那么就会加剧这一群体的住房困难问题（例如，被挤到另外的“城中

---

① 李秉勤等人的研究表明，由于建筑公司是基于项目的，因而住房是临时的，一旦项目结束，这些住房或者被拆毁，或者被移至另一个工地。住房大多由货棚、集装箱甚至帐篷组成，因此这些住房设施的质量较低。而对于电子和服装制造业等企业，除非有可预见的问题，这些公司不会转移或关闭。因此，对于这些工厂的所有者而言，建造有高质量及永久性结构的宿舍是值得的。

② 郑思齐：“深圳市保障房供给的实践”，《中国发展研究基金会研究参考》，2012 年第 18 号。

③ “城中村”这种市场自发供给的低收入群体住房，在没有政府帮助的情况下，无法有效供给社区所需的各项公共服务，例如治安、规划、排污、教育等，这使得外来务工人员聚集的“城中村”普遍存在居住拥挤、环境恶劣、治安混乱、教育资源匮乏等问题。

村”，有效供给的减少会抬高租金，使其福利受损）。因此，对于“城中村”现象较为普遍的城市，应审慎推进改造工作，在不减少这类住房有效供给数量的前提下，不断改善其居住环境与质量，切实将“城中村”改造纳入整个保障性住房建设体系①。在原址直接兴建，或在交通相对便利的外围地区还建一部分等，都不失为一种可供探索的解决方式。

佘 宇 执笔

参考文献

[1] 佘宇等著．我国经济适用住房政策的效果评估与发展前景研究．北京：中国发展出版社，2012

[2] 廉思．蚁族：大学毕业生聚居村实录．桂林：广西师范大学出版社，2009

[3] 杜宇．“我国住房保障制度初步形成，扶持政策频频出台”．新华网，2011－1－6

[4] 孙玉波．“全国512个城市建立廉租房制度”．北京日报，2007－8－31

[5] 胡昊，殷婷婷．“农民工城市住房保障政策研究——以上海为例”．上海房地，2007（8）

[6] 韩俊．“农民工市民化实质是公共服务均等化”．经济参考报，2013－2－4

[7] “‘中国保障性住房政策’国际研讨会观点综述”．中国发展研究基金会研究参考，2012年第15号

[8] 李秉勤等．“中国城市中雇主作为房东为进城务工者提供住房”．http：//www.ccpg.org.cn/Article/ShowArticle.asp？ArticleID＝1644

[9] 郑思齐．“典型城市保障房建设的资源筹集策略选择研究”．中国发展研究基金会研究课题，第119期，2012年8月

[10] 郑思齐．“深圳市保障房供给的实践”．中国发展研究基金会研究参考，2012年第18号

---

① 这方面，部分城市已有探索。例如，深圳市在2007年6月就明确提出“在城中村改造项目中适当提高小户型住宅的配置比例”，这是政府引导、以市场运行的方式提供较低价位租赁住宅的措施，是“城中村”改造工作配合落实保障性住房的补充措施，最近更提出将尝试收编“城中村”住房为保障房。

专题五

地方居住证制度探索评估及对全国推行的建议

一、我国户籍制度的改革路径

20世纪80年代以来，我国的户籍制度改革总体上是沿着两条主线进行的。一条主线是逐步减少与城镇户口挂钩的福利和权益，这一过程是与市场化转型相联系的。随着粮食和其他生活资料供应越来越充足，城市就业机会的不断增加，不需要再由国家按户口性质进行区别性分配，城镇户口的资源分配功能逐渐弱化，或者说城镇户口的含金量逐渐降低。进入新世纪以来，这条主线又有了新内容，即增加农村人口的社会福利，结果是农村户口的含金量提高。两者的结果都是缩小了农业和非农业户口人群之间的福利和权益差距；另一条主线是降低城镇户口的获得门槛，特别是小城镇的户口门槛已经降得很低。这在某种程度上是以第一条主线的改革为基础的。

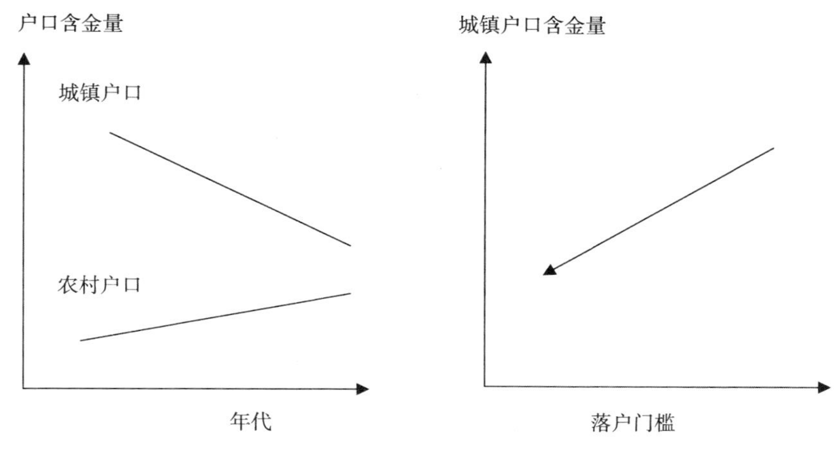

图 1　户籍制度改革路径示意图

目前户籍制度改革的主要难题在大城市。总体来说，大城市户口的含金量和落户门槛也是在降低的，但是相对于小城镇户口门槛降低的幅度来说，则小得多。而且，由于近些年新增的福利政策——如保障性住房、社保参保补贴、购房资格等在很多大城市又与户籍挂钩，在某种程度上来说，户口的含金量反而又有所提高。加上大城市不断膨胀的城市人口对资源环境、城市管理带来的压力，落户门槛甚至又有所提高。造成的问题是，大量没有当地户口的流动人口无法享受诸多福利和权益。出于对发展经济和控制城市人口膨胀这两者之间的权衡，大城市地方政府只倾向于向带有较高知识、技能和资本的人颁发户口。而近年来，一些城市对于不能立即给予户口但对当地经济发展又在做着贡献的人采取了一种折中的办法，用居住年限、就业状态、社保缴费年限等多种更为合理的管理手段来替代户口这个单一的身份区隔性质的管理手段，根据是否满足这些具体条件来渐进地给予当地的福利和权益。这种办法一般称为居住证制度。本专题报告将对居住证制度产生的背景，当前地方的探索情况做一个梳理，并探讨它在户籍制度改革中所能发挥的作用及其发展方向。

二、各地居住证制度探索情况评估

（一）居住证制度产生背景

居住证在我国实际上并不是新事物，早在 10 多年前就有了。居住证制度最早出现于北京（1999 年）[①]、上海（2002 年）、广东（2003 年）等东部发达地区。这几个地方当时都是出于引进人才的目的实施的居住证制度，这种居住证有时直接称为人才居住证。因为我国的很多公共服务和基本权益与户籍挂钩，如果没有当地的户口就无法享受这些服务和权益。当时这几个地方引进的高层次人才不少来自境外或国内其他发达地区，这些人在当地工作或创业，但不愿意改变外国国籍、港澳台籍或户籍，或者受国家政策限制不能落户，于是为了给他们的工作和生活提供便利，这几个地方就发明了居住证制度。引进的人才凭居住证就能享受户籍人口享有的绝大多数服务和权益，甚至超市民待遇。这种居住证的申领条件自然也是比较高的，比如上海要求具有本科以上学历或具有特殊才能，北京和广东不仅要求具有本科学历，还要求具有一定专业技术资格和工作资历。除这几个地方外，其他城市也陆续出台过相关规定。

而近几年各地新一轮居住证制度的探索实施，则具有很不一样的背景和内容，主要针对的是农民工群体。我国的户籍制度虽然很特殊，户籍与公共服务和权益挂钩，但它首先是一种人口登记和管理制度。在计划经济时期，由于经济活跃程度低，人口流动不频繁并受控，户籍制度能较好发挥人口管理功能。改革开放以后，经济日益活跃，人口流动日

---

① 当时称为“工作寄住证”，2001 年改名为“工作居住证”。

益频繁，但户口迁移放松程度有限，人口实际居住地与户口登记地分离现象突出，导致户籍制度无法有效进行人口管理。在这种情况下，1985年公安部决定实施《暂住证》制度，要求拟在城镇暂住时间超过三个月的十六周岁以上的人申领《暂住证》。但是由于暂住证制度只从管理需要出发，缺乏为流动人口服务的意识，且申领《暂住证》需要交纳工本费（2009 年全国范围内正式取消），暂住登记率很低，也没有很好地起到人口管理的作用。后来随着观念和政策的改变，免费为流动人口提供的服务逐渐增多，开始注重管理与服务相结合。新一轮的居住证制度探索正是在这样一个背景下出现的。可以看出，居住证制度在很大程度上是由暂住证制度继承发展而来的。居住证制度相对于暂住证制度的进步意义在于，一是改变了名称，改“暂住”为“居住”，消除了语言歧视，有利于增强流动人口的归属感；二是流动人口申领居住证后，能够享有多项免费服务和权益，而不是像之前只有接受管理的义务。而这些服务和权益中的大部分实际上在居住证制度出现之前流动人口就已经陆续享有了，居住证制度只是将其明确化和法制化了。三是有些地区建立了居住证转为常住户口的通道，为流动人口落户提供了一种可预期的阶梯。

（二）当前各地居住证制度的探索实践

2004 年，上海市出台了《上海市居住证暂行规定》及其实施细则，并对之前实施的居住证制度进行了一定程度的改革。将居住证区分为临时居住证和居住证两种，临时居住证的申领几乎没有门槛，非上海户籍的境内人员，只要有在上海居住的住所证明，就可以申领；居住证的申领有一定条件，可以申领的人包括三类，一是引进人才，二是稳定就业和具有稳定住所者，三是投靠亲属、上大专院校但未落户者。之后其他地区的居住证制度探索基本上都是以此为原型的。

截至目前，全国已经有20多个省份或城市出台了实施居住证制度的相关文件（参见附表1）。有些是在户籍制度改革文件中提出的，有些是在新修订的流动人口服务管理条例中提出的，有些则专门制定了居住证管理规定（办法）。但真正全面实施的省份还只是一小部分，主要包括上海、广东、浙江、成都等（附表2列出了这些地方的居住证制度主要规定）。

这一轮居住证制度探索的特点是强调实有人口管理，无论是短期居住还是长期居住的非当地户籍人口，都要求进行登记。有的采用“居住登记（不办证）+居住证”的登记体系，有的采用“临时居住证（或暂住证）+长期居住证”的登记体系，希望实现流动人口登记的全覆盖。下面从申领条件、享受服务和权益、与常住户口入户的衔接这三个制度要件来对当前各地的居住证制度探索作一个简要的综述和评估。

1. 申领条件

大多数地方将居住证分为两种，即临时居住证和（长期）居住证。临时居住证的申领条件很低，几乎是无条件的，流动人口只要证明在当地实际居住，就可以申领。这与之前暂住证的申领条件基本是一样的。而（长期）居住证的申领则有不少条件，大多数地方要求连续稳定就业、稳定居住一定年限，有的地方还要求缴纳社保一定时间以上，有些地方甚至还有学历要求。

2. 享受服务和权益

凭居住证而不是非要凭户口就可以享受当地的部分服务和权益，是居住证制度的主要意义所在。从各地实践来看，持有临时居住证和（长期）居住证的人所享有的服务和权益大多是不一样的。持有临时居住证者（有些地方针对全部流动人口，不管是否办理了居住证）可以享受的服务和权益一般包括：儿童计划免疫、免费享受国家规定的基本项目的计划生育技术服务、职业技能培训和公共就业服务、子女义务教育、法律援助等。这些实际上是国家已经规定的由流入地政府负责、不许与户籍挂钩、要求普遍提供的社会性公共服务。而持有（长期）居住证者还可额外享受的服务和权益则各地规定差别较大，多数规定可以在当地参加技术职称的评定、申报劳动资格证书、申领驾照和机动车登记注册、申请当地政府奖励等，多为行政手续类公共服务。少数地方还规定可申请公租房。

3. 与常住户口入户的衔接

将居住证的持有状况与入户相衔接也是居住证制度的一个亮点。上海、广东、广西、湖南长沙、湖北宜昌都在居住证制度规定中留了这样一个通道。但是居住证的持有年限只是入户的一个条件，其他条件一般还包括社保缴纳年限、依法纳税情况、遵守计划生育政策情况等，有的还有学历、职称要求。各地具体条件的高低各不相同，一般越是发达、越是规模大的城市，条件就越苛刻。在有些大城市，即使满足了所有条件，也因实行年度入户总量调控而需要轮候，能够实际落户的人数十分有限。

（三）对居住证制度探索的评价

我国的户籍制度是当地福利和权益获得的一个门槛，而这个门槛往往很高，特别是在大城市。在跨过这个门槛之前，几乎无法享有当地任何福利和权益，而一旦跨过了这个门槛，就一劳永逸，可以获得全部福利和权益了。我们称之为“高门槛、一次性”的权益获得方式。我们曾经建议，流动人口权益的获得方式要从“高门槛、一次性”过渡到“低门槛、阶梯式”①。居住证制度正是这一思路的实践，实际上是把原来的

① 参见王列军、贡森：“户籍制度改革的经验教训和出路”，国务院发展研究中心调查研究报告2010年第50号；贡森、王列军：“兼顾多方利益积极推动大城市户籍改革”，国务院发展研究中心调研报告择要2010年第41号。

没有当地户口和有当地户口两种状态细化成为没有当地户口、有临时居住证、有长期居住证、有当地户口四种状态，依据不同的状态赋予福利和权益。而且居住证制度采用的管理条件（居住年限、就业状态、社保缴费年限等）鼓励以就业为目的的流动，有些体现了权利与义务对等原则，这样既可以提高公平性，又不会一下子给当地造成较大资源压力，还有利于加强人口管理，是一种较为现实的大城市户籍制度改革路径。这对于不能立即在居住地获得户口的人来说，具有重要意义，保障了他们最基本的权益，并提供了融入当地社会的阶梯。

但我们也不能高估居住证制度的作用，认为只要全面实施居住证制度，户籍制度改革问题就迎刃而解了。居住证跟户口一样，只是一种管理的载体，关键还在于怎样使用这种管理工具。不同的申领条件，不同的服务和权益包，不同的与入户的衔接方式，带来的结果会有很大的差别。最差的情况可能跟原来的暂住证没什么区别。

三、对全国推行居住证制度的几点建议

2010 年，国办转发国家发改委《关于 2010 年深化经济体制改革重点工作的意见》中首次提出要“进一步完善暂住人口登记制度，逐步在全国范围内实行居住证制度”。之后，公安部表示已经在起草全国居住证管理办法。基于对地方探索的考察，本文就全国推行居住证制度提出以下几点建议。

（一）居住证的申领条件应尽可能低

我国户籍制度的人口登记功能在大规模人口流动的情况下大大弱化

了，后来尝试实行的暂住证制度由于只重管理不重服务，登记率低，人口登记管理功能没有很好发挥。而居住证制度对流动人口之所以有吸引力，是因为它将管理与服务相结合。居住证制度与户籍制度一样，也要承担人口登记管理和福利权益分配这两种功能，只是要使人口登记管理功能更加有效，福利权益分配功能更加公平。从各地的探索来看，大多数地方制订的居住证申领条件是比较低的，只要证明在当地实际居住就可以；但有些城市的申领条件比较高，要求连续就业一定时间以上。申领条件过高不利于实有人口的登记管理。因为即使在没有任何登记门槛的情况下，有些流动人口也不一定愿意去登记，如果设定的条件较高，更会影响登记效果。因此，居住证的申领条件应尽可能低，实行“低门槛、阶梯式”改革路径。

（二）居住证登载信息应尽量全面，与身份证、户籍信息系统实现联通，与各政府部门掌握的人口基础信息实现共享

福利和权益需要与户籍脱钩，因为户籍是一种简单的、不公平的身份区隔性质的需求管理方式。但是，流动人口福利和权益的获得也还必须有替代的管理手段，只是替代的管理手段应更加公平，体现权利与义务对等。替代性的管理手段可以包括居住年限、社保缴费年限、就业状况、居住住所、学籍年限等，而目前很多地方的居住证大多只是登载了姓名、性别、年龄、住址、婚姻状况等基本的人口学信息，并未包含上述可能作为替代性管理手段的信息；或者有些即使规定要登载，也还没有实现。所以，目前的居住证基本只能作为在当地居住年限的一个证明。也正因为如此，没户口和有户口之间也只能有一个阶梯，其他的替代性管理条件因为没有记录而无法作为阶梯，或者需要做阶梯的时候必须提供另外的证明文件。因此，为了完善居住证的福利权益管理功能，应尽

量登记全面的人口基础信息，特别要包含可能作为替代性管理手段的信息，使得这些信息能够直接提取，不仅便民，也会提高准确性。这就不仅要求与身份证、户籍信息系统的联通，也需要与各政府部门掌握的诸如婚姻、就业、社保、住房、学籍等信息实现共享。

（三）将“积分制”作为居住证与常住户口入户衔接的办法

目前已经出台居住证与常住户口入户衔接办法的地方，采取的仍然是各项条件同时满足的条件准入办法，居住证持有年限只是作为其中的一项条件，其他条件包括缴纳社保年限、固定住所、依法纳税、不违反计划生育政策等，有的地方还有学历、职称要求。在这种办法下，只要有其中一项条件不满足，就不能申请入户。广东省针对省内农民工采取的“积分制”入户的尝试给了我们启示。广东省的做法是对落户的各种条件赋予分值，只要总积分达到一定分值，就可以申请在当地落户。广东省建立了一个积分指标体系，将指标分为个人素质（学历、职业资格或职称等）、社保参保情况（缴费年限）、社会贡献（社会服务、表彰奖励等）三类，并加了一类减分指标（如违法计划生育、违法犯罪等），赋予不同的分值。除省统一指标外，还允许地市附加自定指标。这几类指标统一计分后，就可以判定一个人能否申请当地常住户口。在把居住证持有年限也分值化以后，“积分制”可以作为居住证与常住户口入户衔接的技术手段，并推广至全国，实现管理的精细化。

（四）提前考虑各地居住证的衔接问题

目前各地出台的居住证大多是在一个城市至多一个省份内有效，而且有些条件诸如社保缴费年限规定是要在当地缴费的年限。随着居住证制度在全国的推广，各地居住证的衔接将会成为一个突出问题。我国的劳动力流动性很大，尤其是农民工，目前又处于产业结构迅速调整时期。按现在的居住证制度规定，一个人从一个城市到另一个城市去工作，很多计算年限的条件都得从头算起，也因此原来在一个城市能够享受的待遇到另一个城市又不能享受了。这就会造成新的分割，不利于劳动力流动和城市化的深化。因此，必须有一个地区间的衔接办法。把各种条件转换为积分管理，可能是一种思路。这样地区之间就可以实现转移携带，为今后各地区间居住证的衔接预留了制度空间。积分即使不能全额携带的话，至少也可以按一定比例折算后携带。

王列军　执笔

附表1　　已经出台居住证制度规定的省份、城市

省份（城市）	作出制度规定的文件	出台年份
上海	上海市居住证暂行规定及其实施细则	2004
	持有《上海市居住证》人员申办本市常住户口试行办法	2009
浙江	浙江省流动人口居住登记条例	2009
浙江杭州	杭州市流动人口居住管理办法（试行）	2011
广东	广东省流动人口服务管理条例	2010
四川成都	成都市居住证管理规定	2011
安徽铜陵	铜陵市居住证管理规定	2011
甘肃兰州	兰州市流动人口服务管理暂行规定	2011
广西	广西壮族自治区流动人口服务管理办法	2012
贵州	贵州省流动人口服务管理条例	2012
贵州贵阳	贵阳市流动人口居住登记和居住证管理办法	2010
河北	河北省流动人口服务管理规定	2012
黑龙江	黑龙江省流动人口服务和管理办法	2012
湖北武汉	武汉市居住证管理暂行办法	2011
湖北宜昌	宜昌市居住证管理暂行办法	2011
湖南	湖南省流动人口服务和管理规定	2009
湖南长沙	长沙市流动人口居住登记管理办法（试行）	2011
吉林长春	长春市居住证暂行规定	2008
江苏苏州	苏州市居住证管理暂行办法	2011
江苏无锡	无锡市居住证管理暂行办法	2009
江西	江西省流动人口服务和管理办法	2011
江西南昌	南昌市流动人口居住登记和居住证发放的实施细则（试行）	2011

续表

省份（城市）	作出制度规定的文件	出台年份
辽宁	辽宁省深化户籍管理制度改革若干规定 辽宁省实有人口管理办法（草案）	2009 2012
辽宁沈阳	沈阳市流动人口管理办法	2011
辽宁大连	大连市居住证暂行办法	2009
宁夏银川	银川市流动人口服务管理条例	2008
青海	青海省深入推进户籍制度改革方案 青海省流动人口服务管理办法	2010 2011
青海西宁	西宁市深入推进户籍制度改革方案	2011
山东	山东省流动人口服务管理办法	2012
云南	云南省流动人口服务管理条例	2012
云南昆明	昆明市居住证管理规定	2011

附表 2　　部分省市的居住证制度规定

	申领条件	享受服务和权益	与常住户口入户的衔接
上海市	临时居住（有效期6个月）：非上海市户籍的境内人员在本市居住的均可申领 居住证（有效期1、3、5年）：具有本科以上学历或者特殊才能，以不改变其户籍的形式来该市工作或者投资、创业的境内引进人才；或在该市有稳定就业和稳定住所的非本市户籍从业人员；或投靠具有本市户籍的配偶、子女或者父母的来沪人员，及未迁户的大专院校学生等	子女义务教育； 免费享受国家规定的基本项目的计划生育技术服务； 计划免疫等传染病防治服务； 参加社会保险并享受相关待遇； 在本市申领机动车驾驶证、办理机动车注册登记手续； 申请、申报本市科技项目和奖励； 可被行政机关聘用； 参加本市专业技术职务的任职资格评定或者考试、职业（执业）资格考试、职业（执业）资格登记； 在本市办理因私出境或出国； 以参加本市劳动模范、三八红旗手等的评选	持证人员申办上海市常住户口应当同时符合下列条件： 1. 持有《上海市居住证》满7年； 2. 持证期间按规定参加本市城镇社会保险满7年； 3. 持证期间依法在本市缴纳所得税； 4. 在本市被聘任为中级及以上专业技术职务或者具有技师（国家二级以上职业资格证书）以上职业资格，且专业及工种对应； 5. 无违反国家及本市计划生育政策规定行为、治安管理处罚以上违法犯罪记录及其他方面的不良行为记录。 （对持证人员申办常住户口实行年度总量调控，符合条件的持证人员按规定排队轮候办理）

续表

	申领条件	享受服务和权益	与常住户口入户的衔接
广东省	有效期最长为3年的居住证：在居住地连续就业、经商6个月以上 有效期最长为6个月的居住证：在居住地连续就业、经商6个月以下	职业技能培训和公共就业服务； 依法参加社会保险，享受相关待遇； 法律服务和法律援助； 免费享受国家规定的基本项目的计划生育技术服务； 传染病防治和儿童计划免疫保健服务； 参加居住地专业技术职务的任职资格评定或者考试、职业（执业）资格考试、职业（执业）资格登记。 （以上为无论是否办理居住证的流动人口都可以享受） 在居住地申领机动车驾驶证，办理机动车注册登记手续； 在居住地办理出入港澳地区的商务签注手续； 依法参加居住地社区组织和有关社会事务管理； （以上3项为居住证持有者额外享有的服务和权益）	居住证持证人在同一居住地连续居住并依法缴纳社会保险费满七年、有固定住所、稳定职业、符合计划生育政策、依法纳税并无犯罪记录的，可以申请常住户口。 （常住户口的入户实行年度总量控制、按照条件受理、人才优先、依次轮候办理，具体办法由居住地地级以上市人民政府制定）
浙江省	临时居住证：流动人口在当地居住的均可申领 居住证：同时符合下列条件的：持有《浙江省临时居住证》并连续居住满三年；有固定住所；有稳定工作；居住地县级以上人民政府规定的其他条件。 （属于投资创业或者引进人才的流动人口，申领《浙江省居住证》可以不受上述规定限制）	（浙江省未统一规定，以杭州市为例） 临时居住证持证人享有下列权益和公共服务： 职业技能培训和公共就业服务； 在该市参加技术职称的评定、申报劳动资格证书等； 儿童计划免疫保健服务； 子女义务教育； 免费享受国家规定的基本项目的计划生育技术服务； 法律援助； 可在当地申请办理驾驶证及本地机动车注册登记手续。 居住证持证人还可享受以下待遇： 用人单位终止劳动关系且不再在杭州就业的，根据本人要求并提供相关有效证明材料后，其个人住房公积金账户内的缴存余额（包括单位为其等额缴	暂无衔接

续表

	申领条件	享受服务和权益	与常住户口入户的衔接
		存部分）可一次性支付给本人； 持合法生育证件的育龄夫妇，在现居住地生育子女的，可享受生育救助政策； 患有结核病、血吸虫病、艾滋病等传染病的，可享受国家规定的免费检查和治疗； 可按规定参加当地各种荣誉称号的评选并可享受相应待遇； 符合相关政策条件的，可申请租住政府提供的住房或流动人口集中居住点住房（具体政策另行制定）	
成都市	临时居住证（有效期1年）：达到居住地拟居住1个月以上的非成都市区居民均可办理 居住证（有效期5年）：已经与用人单位签订劳动合同并且在居住地的劳动保障部门连续缴纳社会保险费六个月以上的人员；或在工商行政管理部门取得营业执照的人员；或已购买房屋或者已在房管部门办理了房屋租赁登记备案，且在居住地的劳动保障部门连续缴纳社会保险费六个月以上的人员；或符合成都市落户条件，但本人尚未办理户口迁移的人员；或《成都市居住证》持证人的未成年子女	临时居住证持证人可以享有下列权益和公共服务： 参加该市组织的有关劳动技能比赛和先进评比，并享受相应待遇； 免费享受国家规定的基本项目的计划生育技术服务； 传染病防治和儿童计划免疫保健服务； 子女义务教育； 在居住地申领机动车驾驶证，办理机动车注册登记手续； 乘坐城市公共交通工具按照规定享受优惠； 法律服务和法律援助； 依法参加居住地社区组织和有关社会事务管理。 居住证持证人除享有上述权益外，还享有如下待遇： 参加居住地专业技术职务的任职资格评定或者考试、职业（执业）资格考试、职业（执业）资格登记； 参加科技发明、创新成果申报，按照规定申请科技人才计划资助、科技项目资助或者专利补助基金	暂无衔接

专题六

拓宽思路打破大城市户籍改革困境

一、当前户籍改革的难点在大城市

户籍改革有两项任务，一是要消除农村户口与城镇户口人群的权益差异，二是要消除常住外来人口与本地人口的权益差异。前者的改革主要是通过增加农村人口的权益来实施的，新世纪以来城乡教育、卫生、社会保障的制度和标准逐渐趋向统一，取得了很大进展，前景也较为乐观。后者的改革主要是通过降低落户门槛和将部分公共服务与户籍脱钩来实施的，这在中小城市取得了很大进展，但在大城市的进展有限。目前，一些大城市积累了大量没有当地户口的常住人口，非户籍人口占常住人口的比重高达30% ~40%，深圳更是高达70%多（参见表1），在城市内部形成了明显的二元结构。这不仅造成群体矛盾、影响社会稳定，也造成了机会不均等，严重影响了外来人口人力资本的积累和消费的扩大，对经济社会可持续发展带来了诸多消极后果。

表 1　　部分大城市非户籍常住人口比重（2010 年）　　单位：万人

	北京	上海	广州	深圳	天津	杭州	宁波	苏州
常住人口	1961.2	2301.9	1270.1	1046.7	1293.8	870.0	760.6	1046.6
其中：非户籍人口	704.5	883.4	476	778.9	299.2	235.4	228.9	408.9
占比（%）	35.9	39.0	37.5	74.4	23.1	27.1	30.1	39.1

数据来源：各城市 2010 年第六次人口普查公报或国民经济和社会发展统计公报，其中深圳没有 2010 年数据，表中数据为 2011 年。

城市不愿意彻底接纳常住外来人口，财政增支压力和维护户籍人口既得利益显然是重要原因。但同时，大城市人口迅速膨胀，面临较大基础设施和资源环境压力也是客观事实。因此，当前部分城市事实上又在收紧落户政策，希望能用这一手段适当减缓人口的增长。这样，大城市的户籍改革就陷入了一种困境：出于社会公平公正和缓解社会压力的考虑，需要解决已经在当地稳定就业和生活的非户籍人口的平等权益，放松落户限制；但出于城市承载以及财政压力方面的考虑，又需要收紧落户政策。当前，一些城市采取了折中的办法，对不能立即给予户口但对当地经济发展又在做着贡献的人，以居住证为管理依托，用居住年限、就业年限、社保缴费年限等多种更为合理的管理手段来替代户口这个单一的身份区隔性质的管理手段，根据是否满足这些具体条件来渐进地给予当地的福利和权益。这一制度创新应予以充分肯定，但实际操作大多较为保守，即使已经在城市长期居住和就业的存量外来人口的完全平等权益问题也难以在短期内解决。

二、改革困境是由诸多制度原因共同造成的

造成当前大城市户籍改革困境的根源在于制度安排，主要跟我国的公共服务和社会保障支出分担机制、城市的层级体制有关。

（一）公共服务和社会保障支出主要由地方政府承担，导致地方政府接纳外来常住人口的积极性不高

我国公共服务和社会保障的支出责任是高度分权化的，主要由省级及以下政府承担支出责任，而且长期以来省以下政府支出占大头。以教育和卫生为例，2003 年的时候，全国教育、卫生财政支出中，地方政府（省级及以下）的支出比重分别高达 91.8% 和 97.2%。近年来，随着中央政府对教育、卫生投入的加大，2011 年地方支出比重分别下降到了 80.2% 和 73.1%（参见表 2）。但这一比重仍然是非常高的，而且这几年的下降有的是阶段性改革中的专项支出造成的，并没有形成中央和地方之间稳定的分担机制。社会保障的支出分担机制也类似。而且越是发达地区，越是大城市，地方分担的比例就越高甚至完全自筹，而这些地方正是人口流入最多的地区。

表 2　教育、卫生财政支出中地方政府分担比例（2003～2011 年，%）

	2003 年	2004 年	2005 年	2006 年	2007 年	2008 年	2009 年	2010 年	2011 年
教育	91.8	94.0	93.8	87.8	84.9	82.2	81.0	79.7	80.2
卫生	97.2	97.4	97.9	89.5	66.6	70.0	68.0	71.1	73.1

数据来源：根据各年统计年鉴和全国财政支出决算表计算。

在这样一种公共服务和社会保障支出责任机制下，城市地方政府放宽落户条件，就需要主要依靠自身财力来为新落户人口提供公共服务，积极性显然不高。出于发展经济和控制财政支出之间的平衡，精明的地方政府就倾向于选择性地向拥有较高知识、技能和资本即能为地方经济做出较大贡献的人颁发户口，而不愿意向知识技能相对较低的人口敞开户籍大门，而实际上这些人也是城市经济发展和社会服务所必需的。

（二）我国汲取型的城市层级体制导致高层级城市的公共服务水平和成本都较高，进一步增加了户籍制度改革的难度

公共服务支出责任的高度分权化必然导致公共服务地区差距的扩大。但不仅如此，由于我国的城市体系是一个汲取型的层级体制，城市按行政级别分为直辖市、副省级城市、地级市、县级市等，政治地位差别很大。无论是在区域规划、投融资还是公共服务资源获取方面，高层级城市都更为强势。这种等级化的资源分配方式人为拉大了城市间经济发展和公共服务差距，高层级城市也因此吸引了大量外来人口的涌入。高层级城市不仅经济发展水平较高，一般也都具有较高的公共服务水平。而较高的公共服务水平必然意味着较高的服务成本，这样公共服务和社会保障向常住非户籍人口的扩展成本也就较高，愈来愈倾向于保护户籍人口的既得利益，进一步增加了户籍改革的难度。

三、拓宽思路打破大城市户籍改革困境

既然如上分析，当前大城市户籍改革的困境主要是由制度性原因造成的，那么要彻底破解这一难题也只能用制度改革来解决。但在当前体制没有大的改变情况下，也仍然是可以有所作为的。因此，大中城市户籍改革既要着眼长远，改革制度和激励机制，也要在近中期解决一些紧迫的问题。

（一）中长期改革议程

1. 改革公共服务和社会保障支出责任体制，提高中央和省级政府的支出比重

从国际经验来看，大多数国家教育和卫生支出主要是中央和省级政

府的责任，而且中央政府承担比例较高；社会保障和救济则基本就是中央政府的支出责任。我国提高中央和省级政府的公共服务和社会保障支出比重的改革势在必行，这不仅是为户籍改革创造有利条件，也是促进基本公共服务均等化的根本性解决办法。提高中央和省级政府的支出比重，不能只是临时性的举措，必须建立明确的政府间的分担机制，而且各地区的分担比例安排应尽量统一。在此前提下，要求流入地政府切实承担起为外来常住人口提供公共服务和社会保障的责任。当前部分大城市不愿意向常住外来人口扩展公共服务和社会保障，并不完全是因为财力不足，而是当前的制度提供的激励不足，约束也不足。与此同时，中央政府要加强公共服务和社会保障的标准制订和控制职能，除了制订最低标准，也要控制最高标准，以免差距扩大过快，增加户籍改革的难度。

2. 改革城市行政层级体制，缩减城市层级，鼓励大城市支持周边地区发展

我国大城市规模的扩张并不完全是市场经济条件下经济和人口的自然集聚，也有高层级城市通过行政性手段争夺低层级城市资源的人为因素。这虽然带来了高层级城市的繁荣，但也带来了较大的人口涌入压力。要想从长远上破解大城市户籍改革困境，需要取消城市行政层级别，实现城市自治。在现有体制下，可以缩减城市层级，减少对低层级城市和周边区域的汲取。大城市应该积极支持周边地区的发展，这样就可以缓解人口涌入的压力，也促进了均衡发展。一个生动的例证是，上海市第六次人口普查数据显示，随着浙江的快速发展，浙江流入上海的人口从外省市中的第三位下降到了第六位。经济集聚是城市化的规律，但通过行政方式配置资源出现的过度集聚并不是好事。

（二）近中期可以采取的举措

1. 集中解决一批已经在城市长期居住和就业人口的落户问题

当前大中城市积累了大量已经在城市长期居住和就业但仍然没有平等享有公共服务和社会保障权益的人口。必须集中解决一批这些人口的落户问题，否则城市内的二元结构将愈来愈固化，解决的难度会越来越大，社会风险也会越来越高。可供参考的解决思路是，中央政府应出台一个规定，规定无论是在哪个城市，在当地连续就业和居住最长达到一定年限（如10~15年）后，最多再加上一定的社保缴费年限要求，地方政府必须给予当地户口，不能再附加任何其他条件。根据第六次人口普查数据，我国流动人口在流入地居住5年以上的人口比例约为30%，10年以上比例应远低于这个比例。根据中国人民大学的“北京市1‰流动人口调查”资料，2006年北京市流动人口中“来京时间”5年以上占38.8%，其中10年以上占13.5%，15年以上者占4.1%[①]。当前的比例差别估计不会太大。根据第六次人口普查数据，北京市户口登记地在外省的流动人口约为700万，如果准许来京10年以上人口立即落户，总量约为95万；如果准许来京15年人口立即落户，总量约为29万。虽然数量也不小，但准许落户以后给公共服务带来的压力是有限的。因为这些人已经在当地工作生活，也已经在实际利用大多数社会服务，而且都是劳动年龄人口，申请社会救助等现金补助服务的比例不会高，主要的压力可能会是保障性住房和高考。况且，北京在全国是较为极端的情况，一般城市流动人口规模都没有这么大，压力也不会这么大。

① 北京市第六次人口普查数据显示，2010年在北京居住6年及以上的外来人口比重为24.8%。

2. 对不能立即落户的人口，遵循“低门槛、阶梯式”的思路，以居住证为管理依托，逐渐增加享有流入地权益，优先解决就业资格彻底放开问题和教育机会均等问题

对于不能立即落户的人口，当前各地以居住证为管理依托，用居住年限、就业年限、社保缴费年限为管理手段渐进赋予流入地权益的做法，方向是正确的。关键在于如何更加合理地设定这些条件，如何排列赋予权益的优先顺序，以及如何使得管理更加便民。当前应优先解决大中城市就业资格（特别是机关事业单位就业资格）的彻底放开问题，以及实现教育机会的均等问题。同时也要完善管理，在总结地方经验教训的基础上，在全国推广居住证制度，将居住证与身份证、户籍信息系统实现连通，与政府部门掌握的人口基础信息实现共享，更好地实现人口服务与管理的双重目标。

需要特别提出的是，广受关注的“农民工市民化”（农业转移人口市民化）问题表面上看起来是农村户口与城镇户口人口权益差别的问题，但实际上是外地户口与本地户口人口权益差别的问题。因为不仅是农业户口的农民工在城市遇到了差别对待的问题，具有城镇户口的外地户籍人口在城市同样也遇到了差别对待的问题。只是因为农民工的人力资本更低，所拥有的社会资本更弱，才使得其在城市的处境更加困难。同时也说明，农民工的市民化并不能指望通过户籍制度改革就能完成，这是一个综合的经济社会改革过程。

王列军 执笔

案例

安庆的工业化、城镇化和社会政策

2012 年 7 月，我随“城镇化进程中的社会政策”课题组一行，赴安徽省安庆市调研，在一周的调研时间里，跑了安庆市及其下属的枞阳县。

选择安庆调研，有两个目的。其一，当前中国城镇化政策研究的对象主要集中于沿海发达地区城市以及中西部的中心城市，研究重心主要放在经济集聚、区域一体化等方面，往往预设了中心城市会对周边城市产生“涓滴效应”。从面积、人口等角度看，中西部城市以及东部沿海地区发展速度相对较缓的城市也同样值得关注。其二，安徽是人口流出显著超过人口流入的中部省份，而且是城镇化进程中曾经长期坚持小城镇均衡发展思路的省份，因此，在安徽省选择一个所处地理环境相对封闭而且发展速度适中的地级城市，有可能从逆向思维的角度加深对城镇化进程的认识。

想要对安庆市城镇化进程及其社会政策进行面面俱到的描述，显然是不现实的，那是一篇大文章。一周的时间太短，人手也有限，即使是对社会领域的单一部类进行严密的纵贯分析，都难以完成。但是，借助调研掌握的情况和已有经验，也可以尝试在有限的篇幅内剖析安庆市城镇化进程的特点以及社会政策现状、趋势及值得关注的要点。

新中国成立前，安庆是具有很大发展潜力的区域中心城市。从地理条件看，南京西面的长江正好转了一个大弯，安庆和南京是这段西南—东北走向长江的一头一尾。处于转角位置的安庆，除了控制长江航道，还傍依大别山，从侧翼控制北部山区的重要关口，在军事上易守难攻，成为南京的门户。守住安庆，就可遏制湘军水师，还能护住皖南的粮仓，所以成为太平天国战争西线战场争夺最激烈的军事据点，安庆的得失直接决定了太平天国的命运。

安徽与江苏分省后，选择安庆为首府也是有很深考虑的，这在太平天国时期凸显出来。安徽本身属于地理形态复杂、天灾和兵祸频繁的中部落后省份，再加上中央和地方军事政治集团在安徽的力量对比，当时的实际情况可以用四分五裂形容。最终分省时选择一个长江沿岸易守难攻且有一定腹地的城市，是明智的选择。而且，对于行政机构来说，沿水路到达两江总督驻地南京也是非常便利的。

安徽取名于安庆和徽州，正是因为当时安徽治理的重心在长江沿线。当皖北持续遭遇太平天国战争、捻军战争并多次受淮河洪水影响而长期发展迟滞时，安庆自清代晚期以来一直是武汉与南京之间长江段的中心城市，发展较好，崛起为长江中游的重镇。湘军攻下安庆后，曾国藩选择在此创办“安庆军械所”，便于运输火炮、弹药和火轮的原料和成品，是洋务运动以及中国工业化的发端。安庆的历史地位，还表现在文化方面，清代中期“桐城派”崛起、黄梅戏发源以及清末民初诞生了陈独秀等时代人物，都与安庆当时的政治地位和区位优势有极大关系。

因此，孙中山在民国初期提出将安庆发展为影响跨江、带动皖南发展而足可与武汉、南京匹敌的重要内河商埠的战略。孙中山的想法是，以茶叶为龙头，将安庆发展成皖南和大别山区的农产品集散地，成为与芜湖米市相呼应的商品流通中心。同时，利用安庆丰富的石灰石矿藏和航运便利，发展水泥制造业，成品正好可以顺流而下供应长江三角洲。这样，如同其他长江中下游中心城市走过的道路一样，安庆就可从军事重镇发展为武汉至南京长江段内聚的经济中心。

孙中山的设想在民国时期并未实现。此时的安徽，正如其地理形态一样四分五裂，皖系军阀能够崛起，更多是承淮军正统之余烈，实际上连本省也未能长时期一统。因军阀混战，安徽首府多次易地，但最重要的三个城市仍是安庆、芜湖和蚌埠。

新中国成立后，安庆的城镇化和工业化都遭遇到挫折。一是安庆不再是省内政治中心，在毛泽东首肯下，最初被临时选为皖北行署驻地的合肥，1952 年被定为省会。二是建国后推崇筑坝发电的流派盛行，清末到民国长江流域借助内河航运布局工业的模式从此终结，铁路、公路等基础设施的重要性日益凸显，能够在基础设施网络中获得优先位置的中心城市相对于其他城市的区位优势不断凸显。

当安庆不再成为重要的政治城市后，其影响力逐渐局限于大别山以东、铜陵以西的小型地理单元之中，情况类似于洛阳，成为中心城市之外的重要城市。同时，安庆有较好基础的工业化进程在一定程度上也得到了延续，计划经济时期，考虑到长江航线的便利和工业化基础，在安庆布局了一批冶炼、化工等重工业项目和纺织业大型项目。这是当时流行的工业化布局模式，男炼钢、女织布，既能解决男女匹配成家的需要，又能实现家庭双职工稳定就业。

改革开放后较长时期内，作为中部省份的安徽，长期以来因不属于沿海经济开发战略范畴而未享受到政策先行先试带来的资源倾斜，而且省内经济也未出现明显的中心内聚及辐射特征。安徽皖北以矿业、重工业带动的经济发展迟缓，计划经济时代布局的马鞍山、铜陵等沿江经济带城市并未形成经济一体化程度高的城市群，皖南经济发展仍带不动的问题仍然存在。因此，安徽长期坚持“城镇化”提法而非“城市化”提法，希望从经济集聚效应不显著的实际情况出发，如费孝通提出的苏南模式那样走出一条城镇化发展道路。

由于较长时期内省的层级未能发动跨越式发展，地市层级也未能出现显著的经济集聚效应，实际上出现了各自为战的情况。从目前发展情况看，两类城市发展较好，一类城市是因区位较好更容易被吸入邻近的地方市场经济体系的城市，如芜湖、马鞍山、铜陵、池州（1988 年从安庆划出单立地市），也就是所谓“吴头楚尾”地带的城市，受“上海—苏南—南京”链条和长江沿线辐射，发展较好；另一类是因政治地位而获得较大资源倾斜的城市，如合肥近年来发展迅速，面积也迅速扩大，出现了中心城市扩张的趋势。

安徽省小城镇均衡发展思路和行政拉动重点城市发展的两种路线之争，看来后者已经胜出，巢湖被合肥、芜湖和马鞍山三家分拆就是一个典型的例子。意识到行政拉动在迅速拉动 GDP、加强本地居民财产性收入等方面的好处后，目前安徽城镇化第一阵营的领头羊合肥和芜湖显然已经成为最新确立的范本。

在这一背景下，安庆地位的衰落是可以理解的。历史变迁的结果使安庆成为一块类似于南通的“飞地”，但因为缺乏靠近市场经济体系中心城市的区位优势，这块“飞地”在改革开放后长时期限于停滞。从城镇化进程来看，更深刻的原因是沿长江水系的经济发动方式衰落。近代城镇化进程的一条重要路线是在工业化沿长江航线西进的过程中催生出新的城市，其中最突出的例子是上海、武汉相继崛起为大城市，安庆虽然未取得这一地位，但也是武汉与南京之间最重要的城市。但是，随着这一城镇化机制让位于计划经济时期的规划方式，去政治中心的安庆，被搁置在南京和武汉之间的小型地理单元之中，在省内地位也逐渐下降。显著的例子是合黄高速公路仅从东侧的枞阳县最东边的老洲镇经过，而且合九线安庆段不过是一条断头路。合肥和芜湖的发展也很难带动安庆，从地理形态和历史沿革来看，1952 年的选址难以完成经济内聚的使命——芜湖或许是更好的选择。皖江城市带的规划同样有鞭长莫及之感，除非此段长江沿线工业化能跨省再兴（在这一点上，1988 年池州被划出显然是最后一次打击，安庆多位干部提及这一点）。雪上加霜的是，曾经借助长江航线的二级跳板地位而一跃成为大都市的武汉，改革以来地位下降，辐射力弱化，这就使武汉与南京之间的沿江城市虽有土地成本相对更低的优势，但是缺乏中心城市的有机联系为支撑，以及相互配合的大项目规划，形成了一条不成串的散落珍珠。

二

在 2004、2005 年开始的这一轮城镇化之前，安庆市的基本特点是重化工业主导的市区和农业比重仍不低的县域在发展模式上不匹配，没有形成地理单元内部的市场经济体系，产业链条短，产业稳定性较低。一方面，安庆市的工业化无法有效吸纳农业县的外出劳动力，且亚洲金融危机后在一定程度上出现去工业化（重化工业停滞，轻工业解体），能吸纳劳动力的服务业也随之止步不前，总体上自顾不暇；另一方面，各县或是地处大别山区，或是地处地理形态极不稳定的长江中游沿岸，数百年来严重洪涝干旱灾害交织，农业基础薄弱。还有一个特点是前面说到的去政治中心后，区位劣势凸显。

受以上两个因素影响，在承接产业转移特点的新一轮城镇化过程中，安庆市区再工业化和县域经济承接特色产业转移同时出现（2005 年以来）。一般来说，市强县弱的情况下，市区在选择项目方面有较大的优先权，但安庆不是这样。桐城等县发展起来的羽绒加工、枞阳的建材加工等，都是资本介入和县招商引资的结果。把市、县两级的工业进行对比，可以看到市与县域经济间联系仍然薄弱。从市区来看，总体情况仍是产业链条短，产业稳定性较低，统领不了县域经济。这对城镇化进一步深化构成阻碍。根据安庆干部的讲法，县域经济与市区经济的分工衔接程度也不够好，县域经济给人“散”的感觉，大体上北边靠近合肥的被合肥辐射，东边靠近池州、铜陵一线被东面城市辐射，还有就是天柱山提升知名度后带动的潜山县。

安庆的情况说明，经济内聚的核心是形成内部市场体系，地理单元内部的商品生产、流通和消费都能顺畅进行。回顾费孝通在《小城镇 大问题》里所讲的吴江各层级小城镇的情况，对小城镇均衡发展战略的误读比比皆是，不应成为批判小城镇均衡发展战略的理由。费孝通对所述材料有细致严密的说明，吴江的小城镇有明清数百年历史发展的基础，农民兼业化程度高，商品专业化生产水平高，内部市场体系成熟完善。比如，盛泽今天仍是丝业中心，早在明代就是如此，明代盛泽丝绸生产的材料被无数马克思主义历史学家拿去论证过中国确有资本主义萌芽，今天还能看到先蚕祠和庄面这些丝绸文化遗存。苏州玄妙观里的永禁踹匠叫歇碑是中国历史上最早的工人运动史料，那是清初所立。近代以前农业问题还没有解决好、发达的商品生产更是无从谈起的地方，如何建设小城镇？从地理条件看集市恐怕都不容易办好的地方，超越自身条件去搞小城镇建设，很难不发生水土不服的毛病。从 80 年代开始，各地大兴土木，出现了种种行政拉动小城镇产生的怪状，后来因为缺乏就地工业化支持而出问题，又反过来作为小城镇均衡发展思路的罪状，真是逻辑都没搞清楚。回过头看，今天公认发展最好、质量最高的区域，找得出来不是小城镇均衡发展的例子吗？

安庆市区再工业化的特点是承接了过去的发展模式，因此吸纳人口能力仍有限，主要为本地产业工人及其子女就业，服务业仍不发达；县域经济开始出现农产品加工、纺织服装、利用矿山及航运条件的工业为主导的工业化，吸纳外出劳动力回流，数量较大。

由于工业化和城镇化都没有闯出一条新路，安庆市区人口增长缓慢，2010 年末才达到 46 万人，近 30 年实际增长一倍左右，而且增加的部分中大部分是 2004 年再工业化后各县到安庆买房者，据出租车司机说新房空置现象也比较明显。把半城半乡的部分全算上，也就是加上拆迁征地和发展预留土地上的人口，还能扩 20 多万人，名义上增加了约 2 倍，结果是夏天的晚上也看不到多少人口稠密的街道，倒是长街、新楼盘和农田交织地很像城乡结合部。安庆还处在工业化的恢复重整阶段，城镇化因为是价格洼地而有自然反弹，但起色也不明显（个案访谈显示，1998 年金融危机时期不少下岗工人到沿海打工，最近几年才回流了一些）。安庆现在提出 2015 年市区人口要发展到 120 万人，从产业结构来看很难支持，唯一的好处是通过区划调整，可以加速土地城镇化，实际上是赌能不能把县城条件较好的居民吸纳一部分到市区。安庆的县域则是另一个景象，人口积聚加速，增速明显高于市区，桐城、枞阳等因区位优势、交通优势而受长三角辐射更直接的县，2002 年以来的 10 年中，非农人口实际增加一倍（名义上增加了约 1.5 倍）。安庆市区为本地再工业化（偏重重化工）的就业带动的城镇化，县域（偏重轻工业）为就地工业化的就业带动的城镇化。

安庆市区和县域城镇化的差异，表现出对工业化带动城镇化的路径依赖。安庆市市区有 20 世纪 50 ~ 70 年代布点的工业化基础，即石油冶炼、机械加工为龙头的重化工业和纺织为龙头的轻工业，有“飞地”式工业化的特点，与周边地区以及下辖县域经济联系薄弱。改革后，由于工业化基础决定了缺乏形成地方性市场体系的潜力，区位劣势又凸显，因此，工业化推进缓慢且遭遇顿挫。安庆 2004、2005 年以来的再工业化，仍然是与周边地区经济联系薄弱的工业化，是被选择的大项目，主要是长三角不要的污染大的重化工业，被搁置到这个背山面水、污染不易传播的城市，发展的质量不高，还带来了环境污染和与之相关的社会稳定问题。

产业转移方面的一个调研发现是，产业转移的进程在 2005 年前后（即第一次民工荒后）就已经开始出现，而且是发达地区留下的强者未必更强、发达地区转移到次发达地区的弱者必定更弱的格局，这既有产业配套程度的影响，也有地区差异中行政层级因素及各项政策自由裁量权方面差异的影响。当中国经济发展到目前这个阶段，这种在缺乏公平规则的环境中展开的地方竞争，实质上已经在侵蚀市场经济本身所能达到的潜在规模及其能力。安庆是二类市的领头羊，但和一类市相比，政策红利差别太大，差距还在拉大，这是目前这种“竞标赛”方式竞争公共资源导致的结果。

再说一下工业项目的选择。以汽配为例，这是目前安庆打造的重点之一。调研来看，和芜湖的奇瑞汽车、合肥的江淮汽车联系也不紧密，还处在小打小闹的阶段。现在奇瑞已经在按单一平台多功能开发的思路进行调整了，汽配业整合升级的压力也在加大。全球汽配业的发展方向是 TPS 那样高效的精细化分工整合平台，一个基础设施吃亏的地级市靠自身力量就一定能搞上去吗？相反，枞阳一家小水泥厂被海螺水泥选中兼并后，几年时间就已发展成全球最大的水泥厂。孙中山 80 多年前的规划，一直没有得到行政力量的重视去推动，却由一家企业利用市场眼光去实现了，不能不说对我们当前的区域和产业规划是一个教训。据说枞阳目前有“十万水产大军”，白荡湖、枫沙湖的水产养殖很受欢迎，这就是符合地理和资源条件的市场选择。大别山区作为生态涵养区，发展农产品加工和休闲旅游，有很大潜力，再一次证明孙中山当年规划茶市的设想是很有眼光的。

三

安庆、枞阳的案例表明，即使是在距离核心区约500公里距离的泛长三角边缘地区，工业化、城镇化水平也难以支持当前名义标准超过实际能力的公共服务和社会保障政策，主要资金仍依靠转移支付。以枞阳为例，2011年教育、医疗、社保三项支出合计约13亿元，已经超过地方财力一大截，此外农林水还要3.6亿元，只能靠比例很高的专项转移支付。与西部地区相比，这些地区还受财政资金配套政策差异化的影响，能力同样存在严重不足。除了主要由财政兜底的教育以外，医疗、养老都有明显欠账。而且，以特大城市、省会城市为参考群体的保障房建设政策，显然不适应大部分城市的实际情况，能力、配置合理性上均有很大问题。

先按照教科书方式小结一下公共服务各部类的情况。第一，教育方面，由于流出人口为主，流入市区人口不多，2011年随迁子女2.2万余人（这也再次说明民营中小企业不发达，居民收入不高，进而导致服务业薄弱），都能在市区就学，这和2008年主体功能区划调查时河南平顶山的情况很一致，流出人口胜过流入人口的地级市，开展教育资源内部整合的难度小，随迁子女入学没有太大问题。第二，医疗卫生方面，看了南水回族社区卫生站，就在陈独秀故居附近，周边社区是80年代国企改革较为红火时期修建的家属楼。这个卫生站是私人诊所，由政府购买服务，原因不是出于效率考虑，而是因为在这方面进行基础设施投资的财力不足，但可以给私人诊所添些设备，按照公共卫生服务种类付费，私人诊所也有积极性。这和沿海地区社区医疗的改革状况差别甚大。第三，劳动就业方面，招聘职位数超过求职人数约1/5，考虑到周边的池州工资更高（以纺织工人工资为例，池州1800元，枞阳1500元，留人难），低端和高端劳动力短缺肯定是长期的问题。这与安庆城镇化和工业化进程曾经衰落有很大关系，个案访谈对象里有一个在本地高校毕业的本地拆迁户二代，据他说，安庆对本地几所高校毕业生缺乏吸引力，都愿意去长三角或是合肥、芜湖这样的中心城市，能留下或是愿意留下的本地毕业生，想的也是进政府、事业单位或是国企。第四，住房保障方面，安庆投入最大的部分是棚户区改造和廉租住房，主要解决90年代下半期国企改革的遗留问题，枞阳主要解决的是征地拆迁安置问题。安庆建委反映，这方面缺乏征信机制及退出机制，运营成本难以为继的问题已经出现，这是目前保障房建设的典型共通问题，上面不建制度，下面很难办。

关于保障房的问题，有必要展开讨论一下。枞阳的情况提出了一个问题，县级政府有没有必要制定保障房政策？公共服务需求是以集中为基本条件的，安庆市区棚户区改造达到1.67万户，是因为国企职工集中连片居住，有集中的改造需求；枞阳县却不是这样，市政景观工程有200多户需要拆迁，加上其他拆迁，才300多户，保障房需求小且不集中。但是，为了完成指标，层层分解下去，结果导致有的乡政府把原来的单间宿舍扩建为成套的宿舍，造成浪费，因为乡镇干部一般都住县城。这件事提醒我们，县城甚至乡镇是不是该干这种即使认真按照“中央点菜、地方买单”原则去办还办不好的事呢？

在后发城镇化过程中，城市规划超前、与实际人口吸纳能力不匹配是安庆和枞阳都有的“城市病”问题。安庆市区的人口稠密区主要是老城区，而老城区周边的产业开发区、房地产开发战线铺的很开，造成新建筑和大段的农田、农宅混杂的现状。枞阳镇在 1984 年人口普查时人口才 1 万多人，就是一条主街为骨干的格局，近年高速发展中，主街延伸过长，更凸显出长期以来这个农业薄弱县中心镇缺乏人口稠密区的基础和现实。再加上修了不少办公楼、大学校、大医院、大公园，这都不利于商贸活动开展，对发展第三产业、更稳定地吸纳人口造成了阻碍。这表明，受赶超战略和地方政府财力突进后的报复性心理影响，城镇化的后发优势极可能造成更严重的资源配置低效。

社会管理方面，安庆和枞阳社会矛盾特征趋近于珠三角、长三角开发初期的社会矛盾形式，安庆更多是产业工人下岗带来的后遗症，以及正在上升的征地拆迁矛盾；枞阳则以征地拆迁矛盾为主，再加上正在上升但冲突并不激烈的劳资矛盾，乡镇政府则忙于实质上对社会秩序影响不大的农村社区矛盾。但也有很大不同的是，由于后发工业化的路径依赖（现在是企业主有求于中西部的劳动力，而非八九十年代劳动力有求于沿海的企业主），沿海地区企业日益突出的劳资矛盾在这里不明显，未来也相对可控，可以认为劳资双方已就此形成了一种相互妥协适应的社会共识。

四

这次花了三天去的枞阳县，是一个很有意思的案例，可以看到行政层级末端的城镇化和工业化情况。

枞阳是安庆最东边的县，从地理上来说是最年轻的县。李秀成和陈玉成在此商议三河镇战役构想时，这里还是河汉遍布的半沙洲半陆地地带。几片沙洲逐渐合围连片以后，形成了白荡湖、枫沙湖等几个湖泊。一旦遇上洪水，几个大盆子里的水满了泄不出去，就很容易发生内涝——这其实也是一个历史遗留问题，20 世纪 50 年代，上海滩的一批改造对象被放到枞阳最东侧的沙洲搞围垦，最后形成了省属的普济圩农场，还为了农场灌溉建设了水利工程，结果把行洪道给堵住了。到了今天，这个东西狭长的县，虽然土地平坦，招商引资的时候，却经常因为不容易找到地势高不易发生内涝的地方而发愁。

前面已经提到枞阳县城人口发展很快，但和潜山、岳西这样的山区县比，首位度却低得多，户籍人口 97 万人，城区刚过 6 万，加上流动人口，也不到 10 万人。问了当地干部以后才知道，原来的县城在中间，两边都能辐射，但是因为靠近湖泊，容易发生内涝，现在这个县城是在一次大洪水后迁过来的，靠近西头，地势高，而且离市区近。1991 年出现过一次人口向外流动的高峰，是因为当年有一次与 1983 年洪水相当的大洪水，农田大规模绝收，不得不外出逃荒。现在的江堤按等级归枞阳县筹资建设维护，这种国土规划整治方式可以说是出现问题的根源之一，这么好的大片平地没有得到很好利用。

枞阳这样的情况在沿江确实不多见，和淮河旁边的县倒是更相似。这也导致了几个问题，一是乡镇之间联系松散，几个中心镇各有影响范围，松散地串联起东西狭长的地域。二是不容易积聚起有利于商品流通的人气，最东边的老洲镇居民跑到对面的池州去消费（过大桥就是池州，比去县城近多了），最西边的县城居民又喜欢跑到市区去消费。三是公共服务半径拉得非常大，乡镇之间距离很远，以至于农村撤点并校后负面影响较大，又带来了校车的问题。医疗方面也是如此，有几个乡镇也是这样，因为有区位优势，乡卫生院实际上发挥了半个县医院的作用，吸引周边乡镇患者就医。现在地方公共事务仍是决策权高度上收并一刀切，恐怕很难想象得到基层会有如此千差万别的情况。

枞阳工业化的特点是由自发形成的产业工人队伍吸引劳动密集型企业转移。比如，常熟的千仞岗羽绒集团在枞阳设了一个用工 2000 人的加工厂，一期生产线已开动。座谈会、个案访谈表明，自发形成的工业化人力资本积累基于社会关系网内的技能传播和亲戚带亲戚、老乡带老乡的链式迁移，有关部门组织的劳动培训并没有发挥作用。劳动培训有什么用的问题是个老问题，以安庆为例，每年至少有 120 万人以上外出打工，劳动部门组织了大量培训，但是多年来对农民工的调查，都是不知道，偶尔有一两个接受过培训的，也是和现在的职业毫无关系。学习技术的需求必须是来自劳动者自身的需求，有一致的利益，培训内容要由实践检验，枞阳这种行之有效的老乡教老乡的自我培训方式，不仅是现成的，还是高效的，给点资源倾斜，有条件的搞个草根协会扶持一下，就能收到很好的效果。如果不能发挥这方面的“巧实力”，那么什么也不做更好，这方面浪费的资金还不如拿去作职业学校教育、继续教育之用。枞阳的劳动力输出和它的地理形态不稳定有很大关系。由于若干年就有一次严重的内涝，枞阳的劳动力外出高峰与洪水年份契合，劳动力外出有很强的自救谋生色彩，所以调研中发现，这里是男搞个体户性质的铝合金装潢、女搞自雇劳动性质很强的小服装店或小作坊的外出就业模式，小农意识强，对高强度的大工业生产业态存在排斥心理。

枞阳城镇化和工业化最大的一个亮点，在于出现了小城镇均衡发展的雏形，这是去之前没有料到的。枞阳的 22 个乡镇，层级很简单，4 个中心镇东西方向一字排开，分别辐射周边几个乡镇。去了两个乡镇，金社乡是一个基础薄弱的乡，乡政府门前的一横一纵两条街就是全貌。但是，金社乡也有一些外出打工积累了小资本回来创业的农民，现在办了几家小纺织厂、小五金厂，也能有几百个工作岗位。让人印象很深的是金社乡正在搞房地产开发，修了一个小区，有几栋楼，都卖出去了。问了一个在一楼铺面居住的老农，是替儿子守房子的，据他讲，房子不但卖出去了，还从当初的1800元涨到了2400元，他讲到这里的时候很自豪。商品房是要有人买的，这里又没什么投资价值，如果不是因为原来有打工的基础，现在又有了本地工业化的支持，谁愿意买呢？金社乡还在起步阶段，但也能发展城镇化。

老洲镇也是这样，因为通了合黄高速，工业化一下子就起来了，农产品加工、纺织服装发展很快，周边农村来打工的人已经有几千人。投资的情况和枞阳镇相似，有合肥、池州过来找机会的，也有不少是本地人外出积累资本后回来创业的。外出劳动力除了每年给流出地汇入大量收入外，还能反哺工业化经验，这一点很值得重视，枞阳县也是把吸引发展较好的枞阳人回乡投资作为招商引资的工作重点。和金社乡相比，商品房开发就要成熟得多，配套设施也规划得更好，据说池州也有人跑到这里买房，因为这边房价还不高，离池州又非常近。

枞阳的小城镇发展是一个意外。没有县城强有力的行政拉动，散布的乡镇反而能有机会发展工业化和城镇化，显示出更强的活力。虽然枞阳的发展总体上接近于长三角小城镇发展的初期形态，还没有出现整合程度很高的内部市场体系，中心内聚和辐射效应正在展示出来，但是已经出现了主要依托市场经济，在芜湖—马鞍山—铜陵—池州这四个一类市辐射下发展的良好势头。

三个问题及建议

1. 二线城市如何发展

安庆的案例表明，行政拉动的城镇化，不可避免会出现高层级城市对低层级城市的挤出效应。低层级城市资源抢不过高层级城市，权力上又受后者制约，单靠自身努力很难与高层级城市竞争，那该怎么办呢？

反思安庆的城镇化和工业化，过去放弃大江大河的规划确实有问题，但不应否定为就不要规划，而是应该科学分析历史经验和优势劣势，形成合理的规划。目前这轮再工业化，路径依赖的色彩比较重，如按照“推动区域整合发展大项目，支持草根经济搞活小项目”的思路调整，应能走出新路。

具体来说，既要有大思路，也要有小思路。大思路是更好承接长三角辐射。一是规划上突破现有行政区划。或是搞把安庆、九江、池州等包括在内的跨省沿江城市带开发，东连芜湖，西连武汉，发展区域内分工协作的大项目（机械、冶金、建材、汽配等），能很快带动起来；或是把枞阳老洲镇、陈瑶湖镇等和对岸的池州小城镇，共同划一个沿江开发试验区，池州管、安庆管或是两家协议分管都可，加上扶持政策，长三角的带动效应会更显著，对安庆市区的东进战略能起到加速作用（安庆市区完全可以一直发展到枞阳，把石化工业的安全隔离带腾出来）。二是基础设施方面，东西方向的路网加强，同时加强与庐江的物流运输（以便加强合肥的辐射效应）。小思路就是加强内部草根工业的分工协作，安庆的纺织服装、建材、农产品加工是有潜力的，有外出打工积累的工业化经验，完全有可能发展出八九十年代浙江那样的大厂和小作坊通过分工协作并存共进的格局。

2. 二线城市的“小城市病”该怎么解决

安庆和枞阳城镇化进程出现的问题，和我们熟悉的“大城市病”不同，是另一种“城市病”。如果说北京、上海、广州这样的“大城市病”表征是“密不透风”，安庆、枞阳这样的“小城市病”表征则是“空空如也”。分析“小城市病”原因，关键在于当地城镇化和工业化的匹配程度，可以根据发展规律有一定的超前，但过度的超前就会造成很大的不协调。

除了简单复制“摊大饼”、财力迅速增长后的报复性心理等，也应看到，城镇化经验不足也是一个重要原因，没有很好地吸取沿海发达地区的经验，在城市规划、工业土地利用等方面都存在简单粗放经营的问题，对第三产业发展的侧重不足（人口稠密区在建成区中的比例不足）。

解决问题的方向，应是强化对土地利用的约束和优化。一方面加强国土监控职能部门自身的垂直管理和对土地资源的监管力度，可考虑对城市规划区域每平方公里人口密度设标准以提高土地利用效率，另一方面也要把对知识能力有很高要求的土地规划权上收，减少行政领导的外行干预。

3. 地级市社会政策如何调整优化

第一个方向是在有标准上限和下限为约束的前提下，财政资金使用和公共事务决策权下移。允许地方将一般和专项转移支付财政资金打包使用，那么考核标准也要相应改变，改为以成果考核为导向的双向考核，即上级政府考核和本级民意考核（由于不能依靠选举，可由民众代表和专家组成委员会独立考核）。公共事务决策权下移要解决的则是目前决策链条过长过碎的问题。此外，单一制国家应以统一标准为目标，设置标准上限和下限是因为地区差异过大而暂时设特例过渡，因此应有时间表缩差。

第二个方向是要推动知识下沉，提高城镇化和工业化科学规划水平。政策研究人员不下到基层，老去发展最好的城市，既不利于提高决策水平，也不利于提高地方科学规划水平。现在中央要求重视基层干部水平不高的问题，缺乏交流互动尤其是往基层扎的机制，应该也是一个重要原因。

第三个方向是向数目字管理发展，加强这方面数据工作的垂直管理和不同来源比对。社会政策特别需要算账，教育、医疗、社保是基层财政支出的大头，实际使用中冤枉钱花了不少，关键问题出在对数目字没有摸底。

第四个方向是政府事务和自治事务各自确定边界。这是老生常谈的话题，就不再重复了。

喻　东　执笔

附录1

我国城市雇主为外来务工人员[①]提供住宿的研究[②]

李秉勤　Mavk Duda

本文最先以英文发表在《环境与城市化》(Environment and Urbanization)研究期刊2010年第22卷第1期上。现由第一作者李秉勤(本文发表时任伦敦经济学院社会政策系讲师,现任澳洲国立大学克劳福德公共政策学院副教授)译成中文,并经首发期刊同意授权本书收录。文章发表已经有几年时间,在这几年里我国在民工居住方面也有了很大的变化。本文调研中体现的某些数据恐怕已经不再是当前市场的情况。但是本文的最终目的是要强调雇主作为民工住房提供者有别于其他提供者的特征,并就此提出政策的着眼点。从这个意义上看,论文在发表的时候填补了有关研究领域在视角上的空白,研究得出的结论至今仍然有效。

① 外来务工人员包括的类型比较多。本文中外来务工人员特指进城民工、农民工,文章中这几个词通用。

② 本文中的农民工住房调查得到了南开大学彭华民老师和山西太原师范学院的安详生老师的大力支持,特此表示感谢。

一、前　言

我国城市中，雇主在住房领域一向扮演着重要的角色，在计划经济时代，住房曾是很多城市居民最重要的福利之一。然而，除了最近在住房公积金政策中涉及了外来务工人员之外，由政府出资雇主执行的住房政策中很少涉及外来务工人员①。随着住房商品化和市场化改革，人们更多地在市场中买房而不是从雇主或地方政府那里申请福利房。在上世纪 90 年代后期，城市中多数雇主已停止提供福利分房。到今天，私营部门的雇主如果再提供住房的话多数是根据自身的经济状况而做出的选择。在住房领域，对雇主有法律约束力的责任主要是住房公积金。住房公积金是指雇主必须和雇员共同通过强制储蓄用来购买住房的一种形式②。因此，多数雇主不再承担住房提供者的角色。但是，随着越来越多的外来务工者进入城市，雇主重新承担起住房提供者的角色，开始为民工们提供宿舍，尤其是为新到的工人提供住处。同样是提供住房，与过去不同的是，雇主为民工提供住房并不是一项福利，而是一种为了增加商业竞争力的便利性的安排。

这几年讨论民工住房条件的文献越来越多，大多是根据对不同城市

---

① Bian, Y, J R Logan, H Lu, Y Pan and Y Guan (1997), "Work units and housing reform in two Chinese cities", in X Lu and E J Parry (editors), Danwei: The Chinese Work Unit in Historical and Comparative Perspective, M E Sharpe, Armonk, NY; also Bian, Y, J R Logan, H Lu, Y Pan and Y Guan (1997), "Work units and the commodification of housing: observations on the transition to a market economy with Chinese characteristics", Social Sciences in China (English Edition) Vol 18, pages 28 - 35; Li, B (2001), "China's housing reform and work incentive effects", PhD thesis, London School of Economics, UK.

② Li, B (2005), "Urban housing privatization: redefining the responsibilities of the state, employers and individuals", in S Green and G L Shaojia (editors), Exit the Dragon? Privatization and State Control in China, Chatham House, London, and Blackwell Publishing, pages 145 - 168.

的调查①。这些研究主要是调查民工们的住房条件和造成住房不平等的原因，多数是从住房需求者的角度，往往把自由市场（不管正规还是非正规的）和雇主笼统地视为民工住房的来源，并没有加以区分。尽管很多城市政府也承认雇主在提供住房方面扮演了很重要的角色，但很少有人研究雇主为民工提供住房的实际考虑。本文作者认为，雇主是进城务工人员解决住房的最重要途径之一，除非我们对住房提供者的考虑有所了解，否则很难真正对这类住房的改善有真正的作为。

在本文中，我们选取了两个中国城市——天津和太原。我们调查雇主为进城务工人员提供住房的情况，目的是为了了解民工住房的情况。我们首先探讨，究竟为什么雇主愿意为员工提供住房，到底实现了怎样的目标，随后概述了员工宿舍的情况，并和住在私人住房工人的情况相比较，从住房充足性的角度进行分析。最后，我们再观察民工们对这种住房安排的态度。在结论中，我们提出应该规范雇主提供的住房，以改善条件很差的房屋内的民工们的住房条件②。

---

① Duda, M, B Li and H Peng (2008), "Household strategies and migrant housing quality in Tianjin", in Ingrid Nielsen and Russell Smyth (editors), Migration and Social Protection in China, World Scientific Publishing Co, Singapore; Duda, M and B Li (2008), "Housing inequality in Chinese cities. How important is hukou?", Landlines LLA080 104, pages 14 – 19; Jiang, L (2006), "Living conditions of the floating population in urban China", Housing Studies Vol 21, pages 719 ~ 744; Li, B, M Duda and X An (2009), "Drivers of housing choice among rural – to – urban migrants: evidence from Taiyuan", Journal of Asian Public Policy Vol 2, No 2, pages 142 – 156; Li, B, M Duda and H Peng (2007), "Low – cost urban housing markets. Serving the needs of low – wage rural – urban migrants?", Working Paper WP07MD1, Lincoln Institute of Land Policy, Cambridge, Mass, USA; Wu, W (2002), "Migrant housing in urban China: choices and constraints", Urban Affairs Review Vol 38, No 1, page 90; Zhang, L, S X B Zhao and J P Tian (2003), "Self-help in housing and chengzhongcun in China's urbanization", International Journal of Urban and Regional Research Vol 27, pages 912 – 937.

② 文本发表于几年以前，在过去几年里有些地方的政府已经开始对雇主住房特别是建筑工地上的工棚作出了一定的规范。这些做法和本文的思路不谋而合。

二、世界其他国家雇主的住房提供情况

在计划经济时期，由雇主提供住房（如国营企业把住房作为实物福利）的逻辑是这种做法有助于公平分配①。可是，这种说法很难解释为什么分配是由雇主而不是地方政府执行。一种解释是雇主比任何政府机构都更能了解自己的员工，因此雇主实际上是“最佳”的政策执行者。在地方政府没有足够的资源和信息来监控的情况下，由雇主来提供似乎是一个较现实的解决办法。根据计划经济时代的历史情况，另一重要的因素就是对人口流动的控制。把管理住房的权力给雇主，更便于把工人固定在一定的工作岗位上，因此他们的流动性可以“自动”降低了②。

在市场经济中，住房通常由市场提供，当市场失灵时，国家才会进入，雇主在住房提供方面的作用很小。在工业化的历史中，有些大的雇主主动参与规划，在因企设镇的城镇住房中发挥了重要作用，这些企业为他们的员工提供了住房或住房津贴。这在发达国家早期的工业时期是一个突出的现象③。其他的雇主提供住房的形式还有，当公司外派员工到其他国家或城市时，会对这种外派人员予以补偿。这类住房提供的条件是不同的。有时，当员工在贫困国家中很难找到像样的房子时，雇主或

---

① Giacobbe-Miller, J K, D J Miller and V I Victorov (1996), “Russian pay practices, preferences and distributive justice judgements: implications for joint ventures”, in A A Ullman and A Lewis (editors), Privatization and Entrepreneurship: The Managerial Challenge in Central and Eastern Europe, Haworth Press, Binghamton, NY, page 305.

② Li, B (2001), “China's housing reform and work incentive effects”, PhD thesis, London School of Economics, UK.

③ Cohen, L (1991), Making a New Deal: Industrial Workers in Chicago, 1919 - 1939, Cambridge University Press, 542 pages; also Licht, W (2008), “Fringe benefits: a review essay on the American workplace”, International Labour and Working - class History Vol 53, pages 164 - 178.

许会为他们直接建造适合的住所。有时，当目的地的住房花费太高员工不能承受时，雇主也可能会提供住所①。另外，当某一工作是季节性或临时性的，员工需要从其他地方过去从事劳动，雇主可能会提供工作期间的临时住所。这样的住房在农场的雇佣工中很常见②。

在发展中国家，工厂工人的宿舍是一种流行的雇主提供住所的形式。在现有的文献中，工人宿舍常常被用来研究其他社会问题，如军事化管理和破坏工人权利③，社会排斥和健康问题等④。但是，几乎没有人专门针对雇主的住房提供这个事情本身进行研究。可是以前的研究不能解释为什么雇主提供住房存在那么多的问题，民工仍然要决定入住；也没有解释为什么在私人出租住房和非正规住房都可以作为选择的情况下，雇主提供的住房还是在外来务工人员住房中占了相当大的比例。

---

① Wederspahn, G M (1992), "Costing failures in expatriate human resources management", Human Resource Planning Vol 15, accessed 8 August 2008 at http: //www. allbusiness. com/ human - resources/347972 - 1. html.

② Binford, L (2009), "From fields of power to fields of sweat: the dual process of constructing temporary migrant labour in Mexico and Canada", Third World Quarterly Vol 30, pages 503 - 517; Farquhar, S, J Samples, S Ventura, S Davis, M Abernathy, L McCauley, N Cuilwik and N Shadbeh (2008), "Promoting the occupational health of indigenous farm workers", Journal of Immigrant and Minority Health Vol 10, pages 269 - 280; Gabbard, S and J M Perloff (1996), All It Takes is Confidence: Job Search Confidence and Farm Workers' Wages, Benefits and Working Conditions, California; Agricultural Experiment Station, Giannini Foundation of Agricultural Economics, University of CaliforniaVillarejo, D and M Schenker (2006), "Environmental health policy and California's farm labour housing", Report prepared for the John Muir Institute on the Environment, University of California, Davis.

③ Banister, J (2005), "Manufacturing earnings and compensation in China", Monthly Labour Review Vol 128, page 22; also Cooke, F L (2004), "Foreign firms in China: modelling HRM in a toy manufacturing corporation", Human Resource Management Journal Vol 14, pages 31 - 52; and Taylor, B (2001), "The management of labour in Japanese manufacturing plants in China", The International Journal of Human Resource Management Vol 12, pages 601 - 620.

④ Brown, A D, S J Jejeebhoy, I Shah and K M Yount (2001), Sexual Relations among Young People in Developing Countries. Evidence from WHO Case Studies, World Health Organization (WHO), Geneva.

三、天津和太原的案例

（一）两城市的背景

天津由18个县6个区（和平、河西、河东、虹桥、河北和南开）组成。这6个区是传统意义上的市中心区，也是此次调查的地点。天津的城市人口快速增长，大多要归因于外来人口。在2006年底，统计的“常住”人口（在城市里生活最少有六年的居民）是1100万，比上一年多了32万。在这其中，140万是外来移民，没有天津户口，这里面20万人是“临时”的。照此水平，乡村到城市的移民大约占到整个城市人口的10%。

太原市是山西省的省会，也是商业和工业中心。这里的经济非常依赖于自然资源，该市最闻名的就是其煤炭产业和化学产业。不像很多沿海城市，太原的轻产业并不发达。市中心人口有230万。该市有6个中心区，包括城市和市郊在内，即迎泽区、杏花岭区、万柏林区、尖草坪区、晋源区、小店区，我们的调查在这6个区的城市区域内展开。2007年，最新统计出的在太原工作生活的进城移民是30万①。

（二）数据收集

本文使用的数据是根据2007年1月到2月在天津及2007年5月到6

① 太原市政府（2007），“我市成立‘农民工之家’，2007年10月25日，http：//www.taiyuan.gov.cn/? sj=88715，登陆日期：2009年7月1日。

月在太原收集的。我们使用了半开放的问卷，当受访者的答案在选项中未涉及时，可以自由填写。问卷的问题包括了人口及住户特征、迁移计划、就业、收入和家庭开支、住房条件和住房满意度等几大项。

样本采集标准是中低收入的民工群体，筛选的条件是那些在受访期间没有城市户口、不是进城上学的学生，以及在城里没有买房的人。这样最终确立的受访者可能是那些遭受着最严重的住房问题的人，因此也是政策应该对焦的群体。

不同于城市居民，外来务工人员不一定登记了住处[①]。因此，有关这些移民的住房调查缺乏现成的抽样框架。为了解决这个问题，此次抽样是根据民工职业类型进行分组定量抽样。我们根据2005年的9个主要城市调查的民工就业数据（其中包括天津）来确定天津民工就业分布情况[②]。此外，国家统计局农村调查小组发布了生活在中国中部省份进城移民雇佣结构的相关信息，这其中包括了太原[③]。我们把这个数据用在了太原的调查中。调查中的样本百分比与主要的工作类型相匹配（如工业、建筑、服务部门及交通），受访者都是在就业地点上找到的。由于我们的抽样并没有试图控制民工的居住地，而在同一个企业工作的民工就有可能住在多种不同的住房中，这样我们可以获得多种住房类型的数据。

调查中每天有15到25个受访者。为了避免重复，我们把市区分成了更小的搜集区，在各区之间平均分布调查样本量。最后天津的800份调查

① 特别是在本研究进行调研的时间，登记的相对较少。

② 这项调查由国家统计局农调队做的，结果发表在劳动和社会保障部（2005），“劳动保障部课题组关于农民工情况的研究报告：当前农民工流动就业数量结构与特点，第一部分”，中国劳动保障报，2005年8月11日，网址：http：//www.lm.gov.cn/gb/employment/2005-08/11/content_82630.htm. 11 August 2005，登录时间：2009年11月8日。

③ 国家统计局农调队（2005），“2004年农民外出务工的数量结构及特点，中国三农信息网：http：//www.sannong.gov.cn/fxyc/ldlzy/200507110158.htm. 登录时间：2009年11月8日。

问卷中获得了796个有效回答，太原的805个[①]。

如表1所示，天津和太原的经济结构不同。在太原，服务部门（饮食和家政）相比其他部门显得更为重要，也比天津的服务部门中民工所占的比例大。这很大程度上是因为太原能源和资源产业经济快速增长。这些产业更为资本密集，相比轻工业更需要有技术的工人。在过去五年左右的时间里[②]，太原居民收入增加很快，服务行业也变得兴旺起来。这吸引了很多外来民工来此从事服务业工作。相反，天津因制造业和消费品出口有名，而且该市的房地产开发也经历了一段时间的持续发展。因此，制造业和建筑部门吸引了更多民工。

表1　　　　受访者分布表（按照企业类型划分）

企业类型			天津	
	人数	百分比（%）	人数	百分比（%）
1. 工业	217	27.2	145	18.0
2. 建筑	218	27.4	162	20.1
3. 服务	254	31.9	417	51.8
餐饮/酒店	93	11.7	162	20.1
批发/零售	80	10.0	125	15.5
家政及其他服务	81	10.2	130	16.2
4. 街头就业	107	13.6	81	10.1
小商贩	57	7.2	49	6.1
垃圾回收	41	5.1	32	4.0
5. 其他	9	1.3	0	0
总数	796	100	805	100

资料来源：天津和太原调查数据（2007）。

鉴于本研究所使用的是小范围的调查，很难保证每一种雇佣类型都有足够的受访者。这样有可能影响到统计分析的显著性。为了解决这一

---

① 太原的数据中包括了试调查的问卷，所以总数超过了800。更多的抽样方法的信息参照Li，B，M Duda and H Peng（2007），“Low - cost urban housing markets. Serving the needs of low-wage rural - urban migrants?”，Working Paper WP07MD1，Lincoln Institute of Land Policy，Cambridge，Mass，USA。

② 调研之前的5年左右。

问题，我们把就业类型压缩为 4 个较大的部门：工业（包括制造业和矿业）、建筑业、服务（包括宾馆/饭店，批发/零售，家政和其他服务）和路边摊（包括其他类型中的路边经营者、废品回收和个体经营者）。在本文部门分析中采用这四大部门进行分析。

四、雇主提供住房的动机及其重要性

首先，雇主作为住房提供者到底有多重要。表 2 显示了所有民工住房中雇主提供住房所占的百分比，该表中包括了三组数据。

表 2　　行业和雇主提供的关系

行业部门	天津			太原		
	本行业雇主提供/全部雇主提供	本行业雇主提供/本行业总人数＊	本行业雇主提供/全部受访者	本行业雇主提供/全部雇主提供	本行业雇主提供/本行业总人数＊	本行业雇主提供/全部受访者
	404 人中所占的比重%	%	% of 796	% of 305	%	% of 805
工业	38.4	71.4	19.5	22.3	46.9	8.4
建筑	45.0	83.5	22.9	31.8	59.9	12.0
服务	0.2	0.4	0.1	45.3	33.1	17.1
街头	1.7	6.7	0.9	0.7	2.5	0.2
总和(%)	100	50.9	50.8	100	37.9	37.9
总和(人数)	404		796	305		805

注：＊行业总人数是来自每个行业的受访者总人数。

资料来源：天津和太原调查数据（2007）。

某一就业部门住在雇主提供的住房人数占全部雇主提供的住房的百分比。拿天津来说，数据显示出建筑公司是民工住房的最大提供者（45%），工业公司则是第二大提供者（38.4%）。而在太原，服务部门则是最多的（45.3%）。

某一就业部门居住在雇主提供住房的人数占这一部门受访者人数的百分比——这一指标显示来自某一特定雇佣部门的工人有多少可能由雇主安排住房。天津的结果显示，如果工人受雇于建筑和工业领域，他/她很可能会住在雇主提供的宿舍里。超过80%的建筑工人和70%的工业工人住在雇主提供的房屋里。在太原，建筑和工业工人也很可能得到其雇主的安置住房，尽管这个比例相比天津的相关类别小了些。可是在服务部门，太原的工人相比天津的工人更可能由雇主安排住处。

某一特定雇佣部门住在雇主提供住房的人数占整个城市样例的百分比——天津的结果显示，工业和建筑公司是为民工提供住房的主力军，而在太原，服务和建筑部门则占民工住房的最大份额。整体来说，天津的雇主（796个中的404个，占50.9%）比太原的雇主（805个中的305，占37.9%）更可能为民工提供住所。

考虑到城市里住房市场（包括租房）十分活跃，民工住房很大程度上又不是长期住房，那么究竟为什么雇主还会为工人提供住所呢？早期的一些研究强调了民工的经济能力不足，又无法取得城市住房福利，所以只能依赖雇主。这个说法似乎可以解释想买房的人的行为，因为城市中的住房福利从来就没有适用于个人租赁房，所以从福利享受权的角度解释似乎无法说通。此外，私人房东提供的房子的房租很可能还没有雇主提供的贵，而仍然有工人住在雇主提供的住处。因此，对于还不能拥有自己住房的民工来说，为什么雇主提供住所占了这么重要的地位这一问题的答案可能是和工作便利有关。

首先，雇主希望工人们长时间工作。在大城市中，民工很难在工地附近找到住处，尤其当他们工作的公司位于中心地带更是如此。如果工人们不得不花很多上下班时间就很难延长工作时间。因此，在工作地点或者在附近地区为员工提供集体宿舍就能有效地减少上下班时间，也能使延长工作时间的可能性更大。

当然，很多人会提出对工人的剥削问题。不难看到，《劳动法》虽然设定了最高劳动时间，却不一定得到雇主和民工的积极拥护①。很多工人反而更倾向于延长工作时间，这样他们就能在相对短的时间段里攒更多的钱。因此，在很多城市里又有了变通做法，有的地方政策允许工人们工作时间延长，但是加班时间要支付更高的薪水。和死板的工作时间控制相比，这个做法似乎更受欢迎②。

那么，如果上述说法成立，雇主提供住房应该减少工人的通勤时间。是否真的如此呢？下面的表格根据住房提供者分类，给出了工人的通勤时间。表 3 中显示了在天津和太原，受访者每天的上下班时间从 0 到 1.5 个小时不等。但是，如果工人住在雇主提供的住所内，上下班时间基本不会超过半个小时。相反的是，住在个人住所的工人上下班时间花得更多。这表明，雇主提供住房的确在减少工人上下班的时间上很有用。这对雇主和民工来说无疑是一个方便之法。

表 3　　每天通勤时间（单程）

天津	雇主提供			非雇主提供		
	人数	百分比	累计百分比	人数	百分比	累计百分比
住在现场	241	59.8	59.8	78	21.9	21.9
<0.5 小时	146	36.2	96.0	218	61.1	82.9
0.5～1 小时	14	3.5	99.5	47	13.2	96.1
1～1.5 小时	1	0.3	99.8	8	2.2	98.3
>1.5 小时	1	0.3	100.0	6	1.7	100.0
总和	403	100		357	100	

① Buckley, C (2006), "Foreign investors may quit if China tightens up labour law", The Times, 19 June, accessed 6 July 2009 at http://business. timesonline. co. uk/tol/business/ markets/china/article676240. ece.

② Lu, T (2008), "On the equal working rights for migrant workers", (Lun wailai wugong renyuan de pingdeng wugong quanli), Masters dissertation No D922. 5, Shandong University, PRC.

续表

太原	雇主提供			非雇主提供		
	人数	百分比	累计百分比	人数	百分比	累计百分比
住在现场	177	58.0	58.0	85	17.0	17.0
<0.5 小时	122	40.0	98.0	349	69.8	86.8
0.5～1 小时	5	1.6	99.7	53	10.6	97.4
1～1.5 小时	1	0.33	100	10	2.0	99.4
>1.5 小时	0	0	100	3	0.6	100.0
总和	305	100		500	100	

资料来源：天津和太原调查数据（2007）。

其次，提供员工宿舍有可能减少雇主所需支付的劳动成本。这意味着住房开支的内化。可能会比雇主支付工人的工资里面包括在外面租房的租金、水电费和按市场价格折算的通勤花费还要便宜。一个为民工提供住所的小商业企业可能是在雇主家或生意场地中腾出一间，几乎是零成本。而对于雇佣着数以百计工人的大公司来说，为员工建造标准的宿舍也有可能更为经济。如表 4 所示，在天津和太原，当雇主提供住宿时，有的时候工人不用支付房租，但有的雇主也要求员工支付房租，一般比市场的租金便宜。可是，即使不能得到市场租金，对雇主来说还是有利可图的，因为宿舍实际上相当于群租的房间或单元。一个宿舍房间常常住着 6～10 个人，而租金也是按床位计算而不是以房间来算的。相反，私人房东较少在一间类似大小的房间里同时接纳那么多人住。此外，一间房或公寓住很多人会招致邻居的不满①。这就让在居民区出租房的个人房东把房子给工人做集体宿舍的行为受到一定的限制。在天津，我们的数据显示群租的单元房平均住 9 个人；在太原是 6 个人。如表 5 进一步显

① Wang, Y (2007), "Calling for cheap housing - group renting: banning may not be as good as facilitating" (huhuan lianzu fang - qunzu xianxiang: qudi heru shudao), Shanghai Economics (Shanghai jingji) Vol 11, pages 6 - 11; also Li, Y (2009), "The economic and social analyses of group renting (qunzu): a case study of Shanghai", Shanghai Real Estate (Shanghai Fangdi) Vol 6, pages 16 - 23.

示，雇主提供的多数住所是以群租形式的，而私人房主提供的群租住所则少得多。

我们无法得出集体宿舍比个人租房到底能贵多少，因为影响房租水平的因素很多。事实上，雇主不大愿意给夫妻或家庭提供住房。这说明雇主提供住房的目的并不是为了让员工生活更便利，而是为了为工作提供便利和降低单位劳力成本。

表4　是否支付租金和提供者之间的关系

是否支付租金	天津						
	私人房东		雇主		其他		总数
否	0	0.0%	320	91.7%	29	8.3%	349
是	335	74.9%	84	18.8%	24	5.4%	447
总数	335	42.1%	404	50.8%	53	6.7%	796
是否支付租金	太原						
	私人房东		雇主		其他		总数
否	0	0.0%	287	93.2%	21	6.8%	308
是	474	95.8%	18	3.6%	3	0.6%	495
总数	474	59.0%	305	38.0%	24	3.0%	803

资料来源：天津和太原调查数据（2007）。

表5　是否合住和提供者之间的关系

是否合住	天津						
	私人房东		雇主		其他		总数
是	91	19.0%	373	78.0%	14	2.9%	478
否	251	79.2%	31	9.8%	35	11.0%	317
总数	342	43.0%	404	50.8%	49	6.2%	795
是否合住	太原						
	私人房东		雇主		其他		总数
是	107	28.9%	244	65.9%	19	5.1%	370
否	366	85.1%	60	14.0%	4	0.9%	430
总数	473	59.1%	304	38.0%	23	2.9%	800

资料来源：天津和太原调查数据（2007）。

此外，对于雇主来说，住得更近不仅减少了通勤时间，也意味着减少了通勤成本。通勤成本能占到一名民工生活成本中很大的一部分。表6显示了通勤方式和住房提供人之间的关系：给员工提供住房的雇主可以有较大比例的工人在通勤上少花钱。比如，安排他们住在工作区，或者可以步行或骑车上班。当工人们彼此之间住得较近，提供接送服务也可能会比较便宜。比如，工人住在集体宿舍，雇主安排接送会比给在各处租房的人安排接送更容易。如果这确实是一个考虑的话，我们应该看到自己租房的工人更可能使用个人或公共交通。

此外，如果雇主为了内化工人住宿的成本而提供住房这个想法符合实际情况，那么雇主就可能会在提供给工人住房后减少薪水。事实也确实如此。在天津，住在雇主提供的住房的受访者比自己租房的平均少赚260元。再看集体宿舍的租金，工人支付的人均租金大约是102元/月。如果工人自己租房，每月租金大概是318元/月，相差216元。同样，在太原，个人解决住房和住雇主宿舍的工人之间的工资差别每月有190元。而在太原，雇主提供住房和个人租房的平均租金分别是95元和173元，相差78元[①]。这些差别显示出，如果雇主给员工提供住房，那么通常就会把薪水降低些。

表6　　　　通勤方式

	天津				太原			
	雇主提供		非雇主提供		雇主提供		非雇主提供	
	人数	占404人的百分比	人数	占392人的百分比	人数	占305人的百分比	人数	占500人的百分比
居住现场（无需通勤）	174	43.1	31	7.9	179	58.7	85	17
步行	179	44.3	162	41.3	127	41.6	215	43

① 住在工作地点的小业主没有计算在内，因为他们本来也要交租店铺的费用。

续表

	天津				太原			
	雇主提供		非雇主提供		雇主提供		非雇主提供	
	人数	占404人的百分比	人数	占392人的百分比	人数	占305人的百分比	人数	占500人的百分比
自行车	52	12.9	181	46.2	16	5.2	198	39.6
雇主提供	22	5.4	2	0.5	8	2.6	5	1
公共交通	8	2.0	26	6.6	5	1.6	32	6.4
私人交通	1	0.2	6	1.5	0	0.0	15	3
总数*	436		408		335		550	

注：我们请每位受访者报告了三种最常用的通勤方式。总数因此大于受访者人数。

资料来源：天津和太原调查数据（2007）

再次，给工人们提供住房也可能作为一种管理工人的方法①。雇主为什么可能采取这样的管理也有一定的原因。第一，如以前的研究所示，进城农民工更换工作的频率一般比较高。工人总是在寻求更好的机会，而不太会总是跟着一个雇主干②。第二，如果自己租房，工人们更容易受到外界的诱惑。比如，有些雇主反映工人可能被同伴劝说着去参加赌博，或是去股票市场上炒股，从而影响工作。对雇主来说这些必然增加劳动力成本。而为民工提供住房并延长工作时间是雇主提高工人对企业归属感和减少外界影响的一种手段③。如果是这种情况，我们应该看到雇主会

① Smith, C and N Pun (2006), "The dormitory labour regime in China as a site for control and resistance", The International Journal of Human Resource Management Vol 17, pages 1456 – 1470.

② Eng, I (1997), "The rise of manufacturing towns: externally driven industrialization and urban development in the Pearl River delta of China", International Journal of Urban and Regional Research Vol 21, pages 554 – 568; Fan, C C (2002), "The elite, the natives and the outsiders: migration and labour market segmentation in urban China", Annals of the Association of American Geographers Vol 92, pages 103 – 124; Wong, C S, Y Wong, C Hui and K S Law (2001), "The significant role of Chinese employees? Organizational commitment: implications for managing employees in Chinese societies", Journal of World Business Vol 36, pages 326 – 340.

③ Ip, P K (2003), "Business ethics and a state – owned enterprise in China", Business Ethics: A European Review Vol 12, pages 64 – 77; Smith, C (2003), "Living at work: management control and the dormitory labour system in China", Asia Pacific Journal of Management Vol 20, pages 333 – 358.

主动要求工人住在自己提供的房子里。我们的研究中，住在雇主住房里的工人（太原305个受访者中的91名和天津404个受访者中的48名）在接受访谈的时候表示，他们住在宿舍是因为雇主要求他们这样做。

此外，雇主，尤其是大型工厂，常常直接从农村招工。一旦工人们被带到城市，如果能立刻开工的话远比花上额外的时间让他们先找住处安定下来更有效率。毕竟雇主为招工做出了很多的努力，并不希望这些工人在城里到处跑，先是自己找住处接着就被其他雇主挖走。如果新工人能立刻上工，最起码在一段时间里他们没时间找别的工作去。这样，给新工人提供住房能成为建立员工忠诚度的手段。如果雇主确实有这样的考虑，那么在太原和天津的数据中，我们也应当能看到雇主更倾向于为新工人提供住房。在天津，住在雇主提供住房里的工人们平均呆在城市中2.5年，而那些自己租房的平均进城时间超过6年了。在太原，住在宿舍的在城市平均生活了2.8年，自己租房的平均是5.8年。如果我们进一步看在城市工作不足6个月的工人，则天津的65个新工人中，58个住在雇主提供的宿舍；在太原，70中的42个也是住在这样的房子中。

太原的新工人自己租房比较多的主要原因是他们中有22个是在服务行业工作。相反的是，在天津几乎没有工人在服务行业工作。其他研究也表明了新工人更倾向于在更有组织性的工业部门如制造业和建筑业工作。他们一旦有了经验及更了解城市后就会转移到服务行业去。因为据工人反映，服务业对体力要求较低，而要求独立生活的能力更高①。太原新工人从事服务业比天津多的原因与城镇的产业结构相关。这个前面已经讨论过。一部分原因可能是因为民工的来源。太原是山西省的省

① Ma, Z (2001), "Urban labour force experience as a determinant of rural occupation change: evidence from recent urban - rural return migration in China", Environment and Planning A Vol 33, pages 237 - 256; also Roberts, K D (2001), "The determinants of job choice by rural labour migrants in Shanghai", China Economic Review Vol 12, pages 15 - 39.

会城市，大部分的外来务工者是省内的农民，由于更多的文化相似性和更强的社会网络，对于省内的民工来说相对更容易安定下来。相反，天津是直辖市，很多民工来自其他省份。还有，由于其制造业发达，民工到这里也是要找制造业工人的工作。在我们的调查中，只有17名民工（2%）来自天津地区的农村。如果我们算上周边的省份，还有187名（23.5%）来自邻近的河北省和北京。剩下的（74.5%）来自于全国其他地方。相反，在太原，453个民工（56%）来自于省内，只有44%来自于外地。

五、住房条件

正如前面已论证的，雇主提供住房是为了满足其自身的商业利益；因此可以预料的是，雇主们将用最小的代价得到最大的利润。这也反映在雇主提供住房的质量上。

表7显示了住房质量的分布。质量指数包含了5项内容（是否有室内厕所、室内饮用水、取暖，是否是临时结构和用作他途的建筑）。根据受访者的选项数打分确定住房质量的优劣。房屋质量指数根据点数计算：0点=无问题；1点=有一个问题；2点=有一些问题；3~5点=有严重问题。在有关住房质量指数的国际文献中还列有其他项目，如洗浴和烹饪设施。在我国，很多情况下，工人们可以在工地吃饭、洗澡，因此我们的分析中并没有包括这两项。

根据我们的调查，天津12.7%的住房都有着严重的问题；在太原，这一数字是18.3%。在天津和太原雇主提供的住房内，“严重问题”和“没问题”的最多，而个人租房则较多的是“有一些问题”。

表 7　住房质量

		总数			雇主提供			非雇主提供		
		人数	百分比	累计百分比	人数	百分比	累计百分比	人数	百分比	累计百分比
天津	严重问题	102	12.7	12.7	110	27.2	27.2	36	9.2	9.2
	较多问题	156	19.4	32.0	80	19.8	47.0	103	26.2	35.4
	一些问题	246	30.6	62.6	70	17.3	64.4	159	40.5	75.8
	没有问题	301	37.4	100.0	144	35.6	100.0	95	24.2	100.0
	总数	805	100.0		404	100.0		393	100.0	
太原	严重问题	146	18.3	18.3	68	22.3	22.3	34	6.8	6.8
	较多问题	183	23.0	41.3	61	20.0	42.3	95	19.0	25.8
	一些问题	229	28.7	59.6	73	23.9	66.2	173	34.6	60.4
	没有问题	239	30.0	100	103	33.8	100.0	198	39.6	100.0
	总数	797	100.0		305	100.0		500	100.0	

注：1. 天津：Pearsonchi2（3）=15.5445 Pr=0.001
Kendall'stau-b=0.1000 ASE=0.033
2. 太原：Pearsonchi2（3）=17.6758 Pr=0.001
Kendall'stau-b=0.1210 ASE=0.033

资料来源：天津和太原调查数据（2007）。

我们用经过压缩的就业部门大类来看住房质量指数的分布。表8显示出建筑公司提供的住房质量低劣（在天津，94.5%有严重问题，51.3%有较多问题；而在太原，比例分别是70.6%和37.7%）。这可能是因为建筑公司的工地是跟着项目走的，因而宿舍只能是临时性的，一旦项目结束，临时宿舍或者拆掉，或者移至另一个工地。宿舍建筑种类有工棚、集装箱甚至帐篷，因此这些宿舍设施的质量较低。

表 8　住房质量和就业行业

			严重问题	较多问题	一些问题	没有问题	总数
天津	工业	人数	2	26	26	99	153
		百分比（%）	1.8	32.5	37.1	70.7	38.3
		累计百分比（%）	1.3	17.0	17.0	64.7	100.0

续表

			严重问题	较多问题	一些问题	没有问题	总数
天津	建筑	人数	104	41	25	12	182
		百分比（%）	94.5	51.3	35.7	8.6	45.5
		累计百分比（%）	57.1	22.5	13.7	6.6	100.0
	服务	人数	3	10	19	27	59
		百分比（%）	2.7	12.5	27.1	19.3	14.8
		累计百分比（%）	5.1	16.9	32.2	45.8	100.0
	街头	人数	1	3	0	2	6
		百分比（%）	0.9	3.8	0.0	1.4	1.5
		累计百分比（%）	16.7	50.0	0.0	33.3	100.0
	总数	人数	110	80	70	140	400
		百分比（%）	100.0	100.0	100.0	100.0	100.0
		累计百分比（%）	27.5	20.0	17.5	35.0	100.0
太原	工业	人数	16	18	19	15	68
		百分比（%）	23.5	29.5	25.0	14.6	22.3
		累计百分比（%）	23.5	26.5	27.9	22.1	100.0
	建筑	人数	48	23	19	7	97
		百分比（%）	70.6	37.7	26.0	6.8	31.8
		累计百分比（%）	49.5	23.7	19.6	7.2	100.0
	服务	人数	3	20	35	80	138
		百分比（%）	4.4	32.8	47.9	77.7	45.2
		累计百分比（%）	2.2	14.5	25.4	58.0	100.0
	街头	人数	1	0	0	1	2
		百分比（%）	1.5	0.0	0.0	1.0	0.7
		累计百分比（%）	50.0	0.0	0.0	50.0	100.0
	总数	人数	68	61	73	103	305
		百分比（%）	100.0	100.0	100.0	100.0	100.0
		累计百分比（%）	22.3	20.0	23.9	33.8	100.0

资料来源：天津和太原调查数据（2007）。

天津的数据显示，70.7%的无问题住房是由工业公司提供的，34%的住房或者属于“一些问题”或者是有“某个问题”，很少的住房有严重问题。太原的分布则更分散，在工业部门有严重问题的住房比例更高，总的来说，77.9%的住房至少有一个问题，没有问题的住房比例比天津低很多。同样，解释可能还是在于两城市不同的产业结构。在太原的工业主要是矿业公司等重工业企业。在这些部门工作的外来工人通常是重体力劳动者。这些工业区的组织方式以及工作的类型与建筑工程十分相似。尽管基于资源类的企业，比如采矿企业，虽然比建筑工地的流动性弱，但也不是永久性的。相反，天津的工业部门工作大多是轻工业类，比如电子和服装制造业，这些公司不会轻易转移或关闭。因此，对于这些工厂的所有者而言，建造有较高质量及永久性结构的宿舍是值得的。

相当一部分在服务部门的住房有一些问题，少量有“严重”问题。这可能与服务部门的工作通常位于市中心有关。即使雇主在工作地点附近提供住房也不太可能在中心地带建造质量低劣或者临时性的宿舍。因此，服务部门工人居住的住房类型一般是雇主在居民区租的或者买的房产，或者是附属于商业房产的工人住房。

一些环境质量指标，比如噪音水平，对于外来工人的生活质量是十分重要的。比如，为了赶上工程紧凑的进度，大多建筑项目在晚上也不停工，当工程进度滞后的时候更是如此。因为工人的住房就是在工地上的，噪音很大[①]。我们要求受访者根据本人感受评价在雇主提供的住房的噪音水平：很吵——晚上不能睡好觉；一些噪音——吵闹但不会影响睡眠；很少噪音（表9）。结果显示建筑企业提供的住房的确是问题最大的。在天津的制造业企业的宿舍也有问题。然而，太原工业部门的宿舍噪音

① Li, B (2006), “Floating population or urban citizens? Status, social provision and circumstances of rural - urban migrants in China”, Social Policy and Administration Vol 40, pages 174 - 195.

较小，这可能是因为重工业企业的宿舍不一定很靠近工地。服务部门的住房在晚上会有扰人的噪音，这可能是因为一些在餐饮和娱乐场所工作的工人往往也住在其中，而服务企业通常会营业到很晚。

表9　　提供者和噪音水平（人数，%）

			噪音很大	一些噪音	噪音不大	总数
天津	工业	人数	12	75	66	153
		%	24.5	44.6	36.1	38.3
	建筑	人数	34	67	81	182
		%	69.4	39.9	44.3	45.5
	服务	人数	2	25	32	59
		%	4.1	14.9	17.5	14.8
	街头	人数	1	1	4	6
		%	2.0	0.6	2.2	1.5
	总数	人数	49	168	183	400
		%	100.0	100.0	100.0	100.0
太原	工业	人数	8	23	37	68
		%	19.0	27.7	20.6	22.3
	建筑	人数	23	36	38	97
		%	54.8	43.4	21.1	31.8
	服务	人数	11	23	104	138
		%	26.2	27.7	57.8	45.2
	街头	人数	0	1	1	2
		%	0.0	1.2	0.6	0.7
	总数	人数	42	83	180	305
		%	100.0	100.0	100.0	100.0

资料来源：天津和太原调查数据（2007）。

众所周知，过度拥挤是外来务工者住房的一个特征，而雇主提供的住房也不例外；事实上，它可能比私人租房更拥挤。这与宿舍的布局有很大关系，4到8个人共享一间房是很普遍的情况。而如果是一套单元房，平均会有6到9个人共住。对于居住者而言，过度拥挤可能会使一些有严重问题的缺少基础设施的住房问题更严峻。在天津和太原，过度拥挤是受访者提到的关于雇主提供的住房中最常见的问题。

六、住房满意度

尽管这里讨论了一些问题，但最终是由工人来判断他们是否对住房状况感到满意。在采访中，我们询问工人们对他们的住房的满意程度并要求他们按五级划分他们的满意度。表10展示了我们调研的结果。一般来说，住在雇主住房里面的人比住在私人住房的人总体上更满意。大约15%的天津受访者，以及11%的太原受访者对他们雇主提供的住房不满意。这与我们早先的调查发现有些矛盾，即雇主提供住房比私人租房存在更多的问题，而工人的满意度却更高了。我们对此的解释是当人们表达对住房的满意度时，往往也将非质量因素考虑在内。Dudaetal和Lietal使用了相同的调查资料，其表明两个城市的外来务工者最在意上下班的便捷程度以及住房的低成本。雇主提供住房的确更低廉且使上下班更便捷。

表10　　住房满意度

		雇主提供			非雇主提供		
		人数	百分比	累计百分比	人数	百分比	累计百分比
天津	非常满意	55	13.6	13.61	62	15.8	15.82
	相当满意	160	39.6	53.22	112	28.6	44.39
	无所谓	131	32.4	85.64	166	42.4	86.73
	相当不满意	34	8.4	94.06	41	10.5	97.19
	非常不满意	24	5.9	100	11	2.8	100
	总数	404	100		392	100	
太原	非常满意	131	43.0	43.0	126	25.3	25.3
	相当满意	64	21.0	63.9	172	34.5	59.7
	无所谓	76	24.9	88.9	123	24.7	84.4
	相当不满意	25	8.2	97.1	63	12.6	97.0
	非常不满意	9	3.0	100.0	15	3.0	100.0
	总数	305	100.0		499	100	

资料来源：天津和太原调查数据（2007）。

根据就业类型，我们在对相当不满意及非常不满意的受访者的分析中发现：在天津和太原，在雇主提供住房的群体中，非常不满意的受访者大多来自建筑公司。

而相当不满意的受访者主要来自建筑和工业部门。在太原，工业工人基本上比在天津的同类工人更不满意他们的住房。这与先前的讨论相吻合，即在太原，重工业工人的住房更像建筑工人而非制造业工人。然而，在私人租房这一块，不满意的工人主要来自服务部门。

七、结论和政策影响

正如 Kumar 所论述的，研究者把注意力放在低质量住房的需求层面对改善低劣的住房条件并无借鉴①。然而，审视住房提供者的行为对提高住房质量会更加有启发意义。在这篇文章中，我们只关注雇主提供住房。与私人房东的住房不同，雇主提供的住房随着工作机会的产生、消失而变化，而私人住房不管劳动力市场情况如何都会存在。当有较多岗位空缺时，雇主会决定提供宿舍来吸引工人。因此由雇主提供住房的做法是相对灵活、便捷的。如果劳动力有高的流动性，提供宿舍会使雇主承担较小的工人流动风险。

天津和太原的案例向我们展示了为什么雇主想为外来务工者提供宿舍及他们提供的住房类型，与私人租房相比这些住房的条件及外来务工者是否满意。调查结果表明，雇主提供住房不光是为了满足工人的居住需要，而是基于雇主对竞争力和利润的追求。因而，它不失为市场的一

---

① Kumar, S (1996), “Landlordism in third world urban low - income settlements: a case for further research”, Urban Studies Vol 33, pages 753 ~ 782。

个解决方案。雇主提供住房可以有两个作用：减少劳动力成本，同时也为了保证劳动力供给而提供有竞争力的待遇。研究表明，在天津和太原，雇主提供住房确实降低了雇主为工人支付的收入净值，便利了较长的工作时间，同时有助于留住新来的人。然而，因为一些雇主采取了提供最低标准住房的办法，房屋质量和居住环境较差。与此相对应的是，工人似乎更喜欢雇主提供住房——这是因为它更便宜且上下班更便捷。

我们的研究也展示出，雇主提供住房的质量在各就业部门不同。基于工程项目的企业可能提供设施质量十分差的临时性宿舍，这些住房在可预见的未来会搬至另外的地方。制造业企业倾向于提供永久性的住房，而且设施配备得更好一些，但住在工地的工人们更多受噪音干扰。

这些调查结果有助于引出一些重要的政策考虑方向。雇主提供住房可能是一个令工人满意的住房来源；然而，那些想要减少生产成本的雇主对提高住房质量可能并没有兴趣。同时，外来务工者，特别是那些看重低支出以及便捷、廉价通勤的新来的工人，他们情愿住在雇主提供的住房内，即使房屋质量低劣。综合这些条件，如果在私人租赁市场有更低廉、质量更好的住房，工人们也不一定选择住在私人房东提供的住房内。由此可见，我们遇到了一个市场失灵的典型情况。雇主和工人都认同低质量的住房，然而这不是社会所期望看到的。

市场失灵有可能通过各种政府干预来解决。然而，不少城市的政府在郊区提供专门为农民工建筑的廉价住房的尝试都没有成功。这些房子在通勤上很不方便，也不是很适合家庭居住。在过去一些年里，改革的呼吁集中在给民工提供和城市人同等的住房福利，目的是为了提高民工的住房购买力。然而，需要注意的是，这些福利是针对有可能买房的人而言的，和中低收入的民工租房群体不是同一个群体。整体上改善住房承受能力，不一定能够改变低收入民工所面临的市场失灵状况。我们的研究表明，雇主提供住房包括了一系列的特征，民工实际上是看重这些特征的。这其中包括了：低租金、通勤便利①，还有雇主看重的工人管理和控制。因此，也应该考虑一些供给方面的政策来鼓励或要求雇主提供更高质量的住宿。我们的研究还表明，最能产生效果的政策干预点应该是因（短期）项目而设立的工人住房。这样有助于消除质量最为恶劣的住房。

在住房改革的早期，也有各种确立城市居民最低住房标准的政策（一般是按照每个人若干平方米的标准设立的）。这些标准在当时是给城市居民领取住房补贴用的，只考虑了住房面积。即使这样的最低标准，也从来没有被用到民工居住条件的判断上。我们的调研也显示了，过度拥挤、缺少基本设施和高噪音对民工的身体和心理健康都有可能产生影响。因此，即使雇主和工人之间达成了协议，政府也还是有可能通过一定的政策手段来鼓励雇主和私人为低收入民工群体，特别是新来的民工提供质量更好一些的居住条件。

参考文献

[1] Banister, J (2005), "Manufacturing earnings and compensation in China", Monthly Labour Review Vol 128, pages 22 - 40

[2] Bian, Y, J R Logan, H Lu, Y Pan and Y Guan (1997a), "Work units and housing reform in two Chinese cities", in X Lu and E J Parry (editors), Danwei: The Chinese Work Unit in Historical and Comparative Perspective, M E Sharpe, Armonk, NY

[3] Bian, Y, J R Logan, H Lu, Y Pan and Y Guan (1997b), "Work units and the commodification of housing: observations on the transition to a market economy with Chinese characteristics", Social Sciences in China (English Edition) Vol 18, pages 28 - 35

① Li, B, M Duda and X An (2009), "Drivers of housing choice among rural - to - urban migrants: evidence from Taiyuan", Journal of Asian Public Policy Vol 2, No 2, pages 142 - 156.

[4] Binford, L (2009), "From fields of power to fields of sweat: the dual process of constructing temporary migrant labour in Mexico and Canada", Third World Quarterly Vol 30, pages 503 - 517

[5] Brown, A D, S J Jejeebhoy, I Shah and K M Yount (2001), Sexual Relations among Young People in Developing Countries. Evidence from WHO Case Studies, World Health Organization (WHO), Geneva

[6] Buckley, C (2006), "Foreign investors may quit if China tightens up labour law", The Times, 19 June, accessible at http://business.timesonline.co.uk/tol/business/markets/china/article676240.ece

[7] Cohen, L (1991), Making a New Deal: Industrial Workers in Chicago, 1919 - 1939, Cambridge University Press, 542 pages

[8] Cooke, F L (2004), "Foreign firms in China: modelling HRM in a toy manufacturing corporation", Human Resource Management Journal Vol 14, pages 31 - 52、

[9] Duda, M and B Li (2008), "Housing inequality in Chinese cities. How important is hukou?", Landlines LLA080 104, pages 14 - 19

[10] Duda, M, B Li and H Peng (2008), "Household strategies and migrant housing quality in Tianjin", in Ingrid Nielsen and Russell Smyth (editors), Migration and Social Protection in China, World Scientific Publishing Co, Singapore

[11] Eng, I (1997), "The rise of manufacturing towns: externally driven industrialization and urban development in the Pearl River delta of China", International Journal of Urban and Regional Research Vol 21, pages 554 - 568

[12] Fan, C C (2002), "The elite, the natives and the outsiders: migration and labour market segmentation in urban China", Annals of the Association of American Geographers Vol 92, pages 103 - 124

[13] Farquhar, S, J Samples, S Ventura, S Davis, M Abernathy, L McCauley, N Cuilwik and N Shadbeh (2008), "Promoting the occupational health of indigenous farm workers", Journal of Immigrant and Minority Health Vol 10, pages 269 - 280

[14] Gabbard, S and J M Perloff (1996), All It Takes is Confidence: Job Search Confidence and Farm Workers' Wages, Benefits and Working Conditions, California Agricultural Experiment Station, Giannini Foundation of Agricultural Economics, University of California

[15] Giacobbe - Miller, J K, D J Miller and V I Victorov (1996), "Russian pay practices, preferences

and distributive justice judgements: implications for joint ventures", in A A Ullman and A Lewis (editors), Privatization and Entrepreneurship: The Managerial Challenge in Central and Eastern Europe, Haworth Press, Binghamton, NY, pages 305 - 320

[16] Government of Taiyuan (2007), " 'Migrant workers' home' is set up in our city" (woshi chengli 'nongmingong zhijia'), 25 October, accessible at http://www.taiyuan.gov.cn/? sj = 88715

[17] Ip, P K (2003), "Business ethics and a state - owned enterprise in China", Business Ethics: A European Review Vol 12, pages 64 - 77

[18] Jiang, L (2006), "Living conditions of the floating population in urban China", Housing Studies Vol 21, pages 719 - 744

[19] Kumar, S (1996), "Landlordism in third world urban low - income settlements: a case for further research", Urban Studies Vol 33, pages 753 - 782

[20] Li, B (2001), "China's housing reform and work incentive effects", PhD thesis, London School of Economics, UK

[21] Li, B (2005a), "Urban housing privatization: redefining the responsibilities of the state, employers and individuals", in S Green and G L Shaojia (editors), Exit the Dragon? Privatization and State Control in China, Chatham House, London, and Blackwell Publishing, pages 145 - 168

[22] Li, B (2005b), "Urban social change in transitional China: a perspective of social exclusion and vulnerability", Journal of Contingencies and Crisis Management Vol 13, pages 54 - 65

[23] Li, B (2006), "Floating population or urban citizens? Status, social provision and circumstances of rural - urban migrants in China", Social Policy and Administration Vol 40, pages 174 - 195

[24] Li, B, M Duda and H Peng (2007), "Low - cost urban housing markets. Serving the needs of low - wage rural - urban migrants?", Working Paper WP07MD1, Lincoln Institute of Land Policy, Cambridge, Mass, USA

[25] Li, B, M Duda and X An (2009), "Drivers of housing choice among rural-to - urban migrants: evidence from Taiyuan", Journal of Asian Public Policy Vol 2, No 2, pages 142 - 156

[26] Li, Y (2009), "The economic and social analyses of group renting (qunzu): a case study of Shanghai", Shanghai Real Estate (Shanghai Fangdi) Vol 6, pages 16 - 23

[27] Licht, W (2008), "Fringe benefits: a review essay on the American workplace", International Labour and Working - class History Vol 53, pages 164 - 178

[28] Lu, T (2008), "On the equal working rights for migrant workers", (Lun wailai wugong renyuan de pingdeng wugong quanli), Masters dissertation No D922. 5, Shandong University, PRC

[29] Ma, Z (2001), "Urban labour force experience as a determinant of rural occupation change: evidence from recent urban - rural return migration in China", Environment and Planning A Vol 33, pages 237 - 256

[30] Ministry of Labour and Social Security (2005), "The employment number, structure and characteristics of rural to urban migrants: a report by the MLSS, PRC (laodong baozhang bu ketizu guanyu nongmingong qingkuang de yanjiu baogao: dangqian nongmingong liudong jiuye shuliang, jiegou yu tedian) Part I", China Labour Security News (zhongguo laodong baozhang bao), 11 August, accessible at http://www.lm.gov.cn/gb/employment/2005 - 08/11/content_82630.htm

[31] Roberts, K D (2001), "The determinants of job choice by rural labour migrants in Shanghai", China Economic Review Vol 12, pages 15 - 39

[32] Rural Survey Team, National Statistics Bureau of PRC (2005), "The number, structure and characteristics of farmers leaving their villages to work, 2004" (2004 nian nongmin waichu wugong de shuliang, jiegou ji tedian), China 3F information net, accessible at http://www.sannong.gov.cn/fxyc/ldlzy/200507110158.htm

[33] Smith, C (2003), "Living at work: management control and the dormitory labour system in China", Asia Pacific Journal of Management Vol 20, pages 333 - 358

[34] Smith, C and N Pun (2006), "The dormitory labour regime in China as a site for control and resistance", The International Journal of Human Resource Management Vol 17, pages 1456 - 1470

[35] Taylor, B (2001), "The management of labour in Japanese manufacturing plants in China", TheInternational Journal of Human Resource Management Vol 12, pages 601 - 620

[36] Villarejo, D and M Schenker (2006), "Environmental health policy and California' s farm labour housing", Report prepared for the John Muir Institute on the Environment, University of California, Davis

[37] Wang, Y (2007), "Calling for cheap housing - group renting: banning may not be as good as facilitating" (huhuan lianzu fang - qunzu xianxiang: qudi heru shudao), Shanghai Economics (Shanghai jingji) Vol 11, pages 6 - 11

[38] Wederspahn, G M (1992), "Costing failures in expatriate human resources management", Hu-

manResource Planning Vol 15, accessible at http://www.allbusiness.com/human - resources/347972 - 1.html

[39] Wong, C S, Y Wong, C Hui and K S Law (2001), "The significant role of Chinese employees? Organizational commitment: implications for managing employees in Chinese societies", Journal of World Business Vol 36, pages 326 - 340

[40] Wu, W (2002), "Migrant housing in urban China: choices and constraints", Urban Affairs Review Vol 38, No 1, pages 90 - 119

[41] Zhang, L, S X B Zhao and J P Tian (2003), "Self - help in housing and chengzhongcun in China' s urbanization", International Journal of Urban and Regional Research Vol 27, pages 912 - 937

附录2

迈向人的自由流动：欧盟与中国的比较

王列军

欧盟自20世纪50年代以来一直在推进成员国之间人的自由流动。中国则在户籍制度框架下严格限制人口流动，从20世纪80年代开始逐渐放松，这也可视为迈向人的自由流动的一个过程。通过对这两者过程的比较，本文得出以下几个初步结论。第一，无论在欧盟还是中国，人口迁移政策的初始目标主要是经济驱动的，但其产生的社会和政治影响深远。欧盟最初的工人的自由流动政策后来发展为欧盟公民权。中国在户籍制度下形成了城乡二元结构和针对不同群体的不同公民权。第二，人口迁移政策对人口流动的实际影响并不是很大。收入差距和劳动力需求是推动人口流动的更重要力量。欧盟内部的人口流动数量一直较小，直至最近欧盟扩大以后部分国家的流入人口有了一个较快增长。中国的国内人口流动规模巨大，户籍制度的放松在最初阶段对促进人口流动发挥了作

本文成文于2010年12月，是作者在参加德国“全球治理”项目的项目研究阶段，在伦敦政治经济学院完成的。受到了伦敦政治经济学院社会政策系 David Piachaud 教授和亚洲研究中心 Ruth Kattumuri 博士的指导。原文用英语写成，2013年4月由作者自己译出，并做了少量修改。

用但后来并不明显。同时也说明，人口流动并不能通过政策阻止，除非生活必需品由国家控制，不然它总是会以其他形式发生。第三，在欧盟和中国，流动人口的社会权利都得到了承认。流动人口社会权利在欧盟的实现情况比中国好，部分原因是前者的流动人口规模小且福利体系相对成熟。欧盟和中国都面临着挑战，或者是缺乏认同，或者是筹资问题。欧盟的挑战主要来自对新加入成员国公民的认同，中国则在地方层面面临筹资问题和大城市过度扩张问题。

一、介　绍

（一）为什么比较

人的自由流动（free movement of persons）是欧盟内部市场四大自由之一[①]，也是欧盟公民的基本权利和最大受益。虽然工人在欧盟内部自由流动的原则早在1957年欧共体成立的时候就形成了，真正的挑战是在2004年和2007年欧盟两次扩大以后才到来的。与此同时，关于进一步改革曾经限制人们流动的户籍制度的争论正在中国展开。如今，户籍制度已经无法再限制人们流动，但它仍是获得居住地平等权利的障碍。进一步推进户籍制度改革势在必行，但面临很多挑战。

虽然欧盟内部的人口流动是国际迁移，而中国的人口流动是国内迁移，但它们之间是有相似之处的。首先，中国国土辽阔，国土面积是欧盟国家总和的2倍多，跟整个欧洲的面积相近。人口也是欧盟国家总和的2倍多。其次，虽然中国的人口流动是国内迁移，但在户籍制度下的

① 商品、人员、服务和资本的自由流动。

迁移限制远多于其他国家；欧盟内部的迁移是国际迁移，但欧盟成员国之间的迁移比其他国家之间容易得多。同样，中国放松户籍限制的过程与欧盟引入人口自由流动的过程也是有相似之处的。再次，欧盟成员国不同的福利制度仍然是人口自由流动的障碍；在中国，虽然福利政策框架是由中央政府设计的，但资金统筹通常是在地（市）级甚至县级层次。由于各地情况差异大，中央政府一般允许地方根据自己的情况重新设计和实施福利政策。因此，事实上各地的福利政策也是不尽一致的，与欧盟情况有相似之处。所以，中国的国内迁移和欧盟内部的移民是有不少相似特征的。因此，对两者做一个比较是一项比较有意思的研究。

（二）界定“人的自由流动”

人的自由流动一般在一个民族国家内部是成立的，在西方国家背景中，有时被视为人的基本权利。但是，一般一个人不能随意跨国流动。在某些情况下，人们甚至不能在一个国家内部自由流动，中国计划经济时期在严格的户籍制度限制下便是这种情况。

那么，“人的自由流动”到底是什么意思呢？当然，它肯定不简单是人在国家/地区之间的自由进入或退出。在某些极端情况下，如果一个人在不需要任何手续的情况下可以去世界任何一个地方，但他不允许在那里工作，不允许接受教育和医疗服务，不能享受福利待遇……这样的自由流动是没有意义的。因此，人的自由流动是一系列流动权利的集合（Rainer Baubock，2009）。本文正是在这一意义上使用“人的自由流动”。

（三）研究视角和文章结构

本文采用经济社会视角而不是法律或人权视角。诸如“自由流动是基本人权”在政治上是有意义的，但它有可能会阻碍在特定经济、社会和政治背景下深入展开讨论。

文章将首先对欧盟人口自由流动政策的演变和中国国内人口迁移进行一个简短的历史回顾。接着，从以下几个方面来详细比较这两个案例。

①驱动力和政策目标。结合经济社会背景，分析为什么会对人的流动采取促进或限制性的政策？

②对人口流动的影响。人口迁移政策如何对实际的人口流动产生影响？

③移民的社会权利。欧盟和中国内部移民的社会权利赋予情况以及面临的挑战。

最后，文章将在比较分析的基础上得出几个结论，并分析其政策含义。

二、欧盟人口自由流动的历史进程

20 世纪 50 年代，欧盟挑战了这样一个教条，即人们只能在一个民族国家内部自由流动。欧盟内部人口自由流动的发展历史有如下几个里程碑（参见表 1）。

（一）1957 年《罗马条约》：劳动力自由流动的肇始

关于人口自由流动的努力可以追溯到 1951 年建立欧洲煤钢共同体（ECSC）的《巴黎条约》，该条约要求“成员国承诺对其他成员国的工人在煤炭和钢铁行业的就业，消除任何基于国籍的限制，承认采煤和钢铁制造职业的就业资格，并遵守卫生和公共政策基本要求的限制”（第 69 条）。当时，自由流动只适用于煤炭和钢铁行业的工人。这一条款在意大利的坚持下被写入条约，因为它预计自己受益最大。接着，在1957年建立欧洲经济共同体（EEC）的《罗马条约》中，自由流动权利扩展到了所有劳动者，成为一项神圣化的个人权利。它要求“劳动者[①]的自由流动必须最晚在过渡期结束时得到全面保障”，“这种流动自由要求废除任何对成员国基于国籍的歧视，不管是就业、薪酬和其他工作和就业条件”（第48条）。

表1　欧盟关于人的自由流动的立法

年份	法规	贡献或进展
1951	巴黎条约	煤炭和钢铁行业工人实现自由流动
1957	罗马条约	就所有工人自由流动权利必须最晚在过渡期结束时实现问题达成一致意见
1968	1612/68条例和68/360指令	过渡期结束； 废除成员国劳动者及其家人流动和居住的限制
1986	单一欧洲法案	包括人员自由流动的四大自由确立
1992	马斯特里赫特条约	欧盟公民权确立； 自由流动权利扩展到非经济活动人口
1997	阿姆斯特丹条约	对欧洲公民权作了微小补充
2004	2004/38/EC指令	欧盟公民及其家人在成员国国境内自由流动和居住的权利得到巩固

（二）1968年1612/68条例：劳动者自由流动的实现

1968年关于劳动者自由流动的1612/68条例（regulation）和废除成员国劳动者及其家人流动和居住限制的68/360指令（Directive）的通过，结束了过渡期，标志着劳动者自由流动取得了实质性进展。至少在法律上完全实现了劳动者在欧盟内部的自由流动。

---

① 公共服务部门的就业除外。

（三）1992年《马斯特里赫特条约》：欧盟公民权的确立和人的自由流动

1986年签署的《单一欧洲法案》是对1957年《罗马条约》的第一次重要修改。该法案规定："内部市场应由没有内部边界的区域组成，在这一区域内，商品、人员、服务和资本可以自由流动"（条款8a），这就是广为人知的欧盟内部市场的四大自由。

1992年的《马斯特里赫特条约》正式确立了欧盟的公民权。拥有成员国国籍的每个人都是欧盟的公民。该条例要求"每个欧盟的公民都有在成员国国境内自由流动和居住的权利，但受本条约规定的限制和条件约束"（条款8a）。《马斯特里赫特条约》的突破在于自由流动的权利扩展到了非经济活动人口。在《马斯特里赫特条约》达成之前，欧共体条约只保障经济活动人口的自由流动，但一般不保障其他人口。1997年的《阿姆斯特丹条约》只对欧盟公民权作了一个小小的补充，明确欧盟公民权是民族国家公民权的补充。

（四）2004年的2004/38/EC指令：巩固阶段

2004年4月29日，有关欧盟公民及其家庭成员在成员国国境内自由流动和居住的权利的二级法规和判例加入了欧洲议会和欧洲委员会的2004/38/EC指令。这一指令主要是现有条例和指令的汇集，虽然它也将权利延伸到未婚伴侣。但某些表述有点模棱两可："在定居的最初阶段，人们的居住权不应该成为成员国社会救助体系的一个不合理的负担。因此，欧盟公民及其家人的居住权超过3个月以后受这些条件约束。"

（五）2004 和 2007 年的欧盟扩大

欧盟从 1950 年建立至今经历了 5 次范围扩大[①]。最近即 2004 和 2007 年的扩大是最大规模和最有影响的一次。波兰、立陶宛、拉脱维亚、爱沙尼亚、捷克、斯洛伐克、匈牙利、斯洛文尼亚（被称为 A8），塞浦路斯和马尔他在 2004 年被接受为成员国，保加利亚和罗马尼亚（被称为 A2）在 2007 年被接受。在 12 个新的成员国中，有 10 个是中东欧相对贫穷的国家。这对人的自由流动带来了一些挑战。有些国家对劳动力市场和福利待遇享有设置了一些限制条件。

三、1949 年以来中国国内人口迁移政策回顾

中国实行了 30 年的计划经济，从 1979 年开始向市场经济转型。国内人口迁移政策与这一过程紧密相关，总体而言迁移限制是比较多的，这也使得与欧盟进行比较成为可能。这一过程也可以根据几个标志性政策划分为几个阶段。

（一）1958 年：户口登记条例的出台

在 1958 年之前，中国并没有限制人口流动的法律，公民可以自由流动。20 世纪 50 年代中后期，城市粮食供给压力增大；以及随着重工业优先发展战略的实施，城市就业机会增加也不多，中央政府决定严格限制农村居民向城市流动。1958 年，严格限制人口流动的《中华人民共和国

① 2004 和 2007 年是第 5 次扩大的两个阶段。

户口登记条例》出台。根据这一条例，公民被划分为两个群体，农业户口（通常居住在农村）和非农业户口（通常居住在城市）。农业户口居民只能以招工、上大学、当兵等有限且概率极低的途径进城落户。这种通过户籍制度严格限制农村人口向城市流动的局面一直持续到20世纪80年代中期。由于这一制度能够有效地把农村人口排斥在城市体制之外，且农民在决策过程中几乎没有发言权，只面向城市居民这一占全国小部分人口的福利，诸如全面就业、住房、医疗、教育、幼托、养老等制度就随之建立了①。这一过程具有强烈的路径依赖和自我加强的特征，农业户口和非农业户口人口之间的福利差距不断扩大。同时，由于非农业人口也不能随便到其他城市落户，因此上述机制在不同城市之间也在同样发生，只是差距不像城乡之间那么大。

（二）1984年：允许在集镇就业的农民落户

1979年改革开放战略实施以后，中国开始向市场经济转型，劳动密集型产业迅速发展。很多农民到城镇制造业部门就业。1984年，国家允许在集镇（不含县城关镇）就业和居住的农民落户，即转为当地非农业户口②。这是严格限制人口流动的户籍制度的一个突破。经历一些波折后，1997年改革试点扩展到全国383个小城镇，并于2001年扩展到全国，允许农民落户的范围也扩展至县（县级市）城区的建成区和建制镇的建成区③。实际上，20世纪80年代中期以后，户籍制度已经无法也不

① 有关论述参见林毅夫等：《中国的奇迹：发展战略与经济改革》，上海三联书店1996年版；蔡昉：转型中的中国城市发展——城市级层结构、融资能力与迁移政策"，载《经济研究》2003年第6期。

② 标志性政策文件是《国务院关于农民进入集镇落户问题的通知》（国发〔1984〕141号）。

③ 2001出台了《关于推进小城镇户籍管理制度改革的意见》。

再想控制人口流动，转而成为限制向流动人口提供福利的管理工具。自20世纪90年代以来，大量农村人口流向城市，据估计目前至少有1.5亿农民工。

（三）2000年以来：大城市落户政策改革试点

上文已经指出，目前简单意义上的人口流动在中国已经不再是个问题了，任何人都能到国内任何一个地方就业和居住。主要问题是不同户口状态（农业和非农业户口之间，不同地区的非农业户口之间）的人口拥有的福利权利不一样。相对于中小城市的改革，大城市的改革较为滞后。原因有多个方面：第一，北京、上海等大都市已经有大约2000万人口，政府担心如果户口门槛降低或者取消，会加剧人口膨胀并带来更多社会、环境问题。第二，大城市的社会福利水平较高，允许流动人口落户后会对财政带来较重压力。与此同时，大城市户口对人们自然也很有吸引力。最近，上海和广东的一些城市在落户政策改革方面实现了一些突破，即户口的取得与居住年限、社会保险缴费记录等相联系。如果一个流动人口在一个城市居住和缴费社保费超过7年、遵守计划生育政策、依法纳税、无犯罪记录，就有资格申请当地户口。

四、欧盟和中国的比较分析

（一）驱动力和政策目标

1. 欧盟：经济整合和认同构建的混合驱动

上文已经指出，人们通常只能在一个民族国家内自由流动，这也被认为是理所当然的。欧盟的诞生来自二战后经济快速增长时期经济整合的需要。20 世纪五六十年代工人自由流动政策是为了更好满足劳动力需求，加速经济整合。自由流动政策一开始是作为增加劳动力流动性的举措出台的，而后来则作为形成一个单一市场的措施。1992 年欧盟公民权确立的时候，增加了政治含义，并被定义为欧盟公民的基本权利。当时对欧洲人权利并没有不言而喻的市场或功能性需要：劳动力的经济需要可以通过国家间的双边或多边协议满足，而不是通过个人权利来实现，后者实际上让市场反而变得不太自由，因为政府需要规制市场来保证权利。确立欧洲人权利改变了政治环境并产生了扩展最初自由流动权利的需求。因此，后来自由流动权利不再仅仅是经济驱动的，也成为欧洲认同构建的一个工具。

2. 中国：服从经济和城市化战略

在中国，严格限制农村人口流动的户籍制度并不是有意的歧视或排斥。限制自由流动的动力来自两个因素。第一个因素是粮食供给的短缺。中华人民共和国成立之初，粮食极度短缺。但受较高预期收入推动，大量农民涌向城市，这不仅给城市粮食供应造成了压力，也对农村粮食生产造成了消极影响。第二个因素是重工业优先发展战略的实施。重工业优先发展就意味着就业机会较少，也需要从农业榨取积累。在这种情况下，中央政府决定严格限制农村人口流向城市。这种严格限制人口流动的政策一直持续到 80 年代中期。但这个制度一旦建立，就具有路径依赖。城市发展了较高水平的福利体系，而农村则被完全排斥在这一体系之外。

20 世纪 80 年代严格限制流动的户籍制度的放松是源于经济需要。当时，中国转向出口导向型和劳动密集型经济，强劲的劳动力需求侵蚀了限制人口流动的政策。但是福利权利的差别并没有消除，户籍制度的影响是深远的，这可以被称为中国 20 世纪下半叶影响最深远的社会政策。大城市户籍制度改革的滞后主要是出于对城市过度扩张及其带来的社会问题的担心。

3. 小结

比较这两个案例，我们可以看到，人口迁移政策的出台及其变迁，在很大程度上是为经济目的服务的，至少在初期如此。或者我们可以说，最初的政策动机主要是经济驱动的，这在中国更为明显。中国的社会政策直到最近为止一直都附属于经济政策。在欧盟和中国，虽然人口迁移政策的最初目标是经济的，但其社会和政治后果影响深远。在欧盟例子中，流动人口的很多权利都是从工人（早年也被称为“外来工人”）自由流动权利发展而来的，后来又发展为欧盟公民权，这在某种程度上超越了民族国家的控制。在中国案例中，户籍制度将中国公民分为两个群体或等级，从而形成了两种不同的福利和权利制度，这对福利享有和不平等产生了深远影响。

（二）对人口流动的实际影响

人口迁移政策对人口流动实际产生了什么影响？换言之，有多大影响，以及是如何发生影响的？我们可以透过欧盟和中国的例子来看一下。

1. 欧盟内部20世纪50年代以来的人口流动

直到20世纪80年代中期，欧盟内部人口流动的信息十分有限。一种估计人口流动规模的办法是统计劳动许可证的数量。20世纪50年代末和60年代，大多数西欧国家从地中海国家招募了大量移民。由于当时工人自由流动尚未完全实施，所以大多通过双边协议进行招募。德国是一个最典型的例子。从1960年到1973年，西德劳动力中的外国人比重从2%上升到11%。到70年代初，大概有100万欧盟公民在其他成员国工作。当时有200万欧共体公民生活在其他成员国，而同时有250万非欧共体移民（Boswell，Christina，2003）。在1973～1974年的石油危机期间，几乎所有的欧洲大陆国家都停止了移民计划。

在20世纪80年代，欧盟人口的年均流动率不到0.1%。到80年代中期，只有不到200万（如果包括家庭成员则是550万）欧盟成员国公民生活在其他成员国。到90年代末，大约有1.5%的欧盟公民生活在其他成员国，大约是580万人口（Boswell，Christina，2003）。

无论用什么样的方法衡量，一个显著的特征是，欧盟内部的流动率相对较低。保证欧盟工人优先的努力所产生的影响相比欧共体成立之前的移民规模是微乎其微的。

最近欧盟的扩大在一定程度上改变了这一图景。从8个新加入欧盟的国家（A8）流向老欧盟15国的移民数量从2003年的89.3万上升到2007年的191万，这相当于是欧盟15国人口的0.5%（Brücker and Damelang，2009；Brücker et al，2009）。这意味着2004年以来，每年平均有25万来自新加入8国的净流入人口，而2000～2003年间平均每年只有6.2万。来自保加利亚和罗马尼亚的外国居民从2000年以来持续增长，到2007年已经达到186万，相当于是老欧盟15国人口的0.5%。类似的，欧洲委员会表示来自新成员国的居民在增加，2007年，来自新加入10国（A10）[①]和2国（A2）的居民分别占到老欧盟15国的0.5%和0.4%～0.5%（European Commission，2008a，b）。而2003年上述数据分别都是0.2%。但是，这些报告也认为，2004年以后移民的总体增长相对于流出国和流入国的人口规模来说，都是很有限的。新加入10国（A10）的移民主要流向了爱尔兰、英国和奥地利（European Commission，2006a，b，2008a，b）。实际上，2003年以后，来自新加入8国（A8）的70%的移民流向了英国和爱尔兰，这两国来自新加入8国移民的数量占老欧盟15

① A8加上塞浦路斯和马耳他。

国的比重在2002～2007年间上升了，而两个传统的流入国，奥地利和德国的比重则下降了（Brücker et al, 2009; Brücker and Damelang, 2009; European Commission, 2008a, b）。

表2 新加入8国（A8）中3个国家与老欧盟15国核心宏观经济指标比较（欧盟扩大之前和之后）

	人均GDP（购买力标准）占老欧盟15国的百分比（%）		以欧元衡量（按汇率）的工资占老欧盟15国的百分比（%）		就业率（%）		失业率（%）	
	2003年	2007年	2003年	2007年	2003年	2007年	2003年	2007年
匈牙利	56.7	58.6	29.0	31.1	57.0	57.3	5.9	7.4
拉托维亚	38.8	52.9	12.9	18.2	61.8	68.3	10.5	6.0
波兰	43.8	49.7	21.5	25.4	51.2	57.0	17.9	9.6
老欧盟15国	100	100	100	100	64.3	67.0	7.9	7.0

资料来源：Eurostat（2008）。

但是，与在欧盟国家的非欧盟外国人比较，2008年生活在其他成员国的欧盟国家公民只占前者的1/3。生活在欧盟的外国人有3080万，占总人口的6.2%：大约有2/3（63.3% 或1950万）为非欧盟国家公民，只有1/3（36.7 % 或1130万）是欧盟其他成员国公民。另据欧盟委员会通报（COM（2009）262），估计有约800万非法移民生活在欧盟。

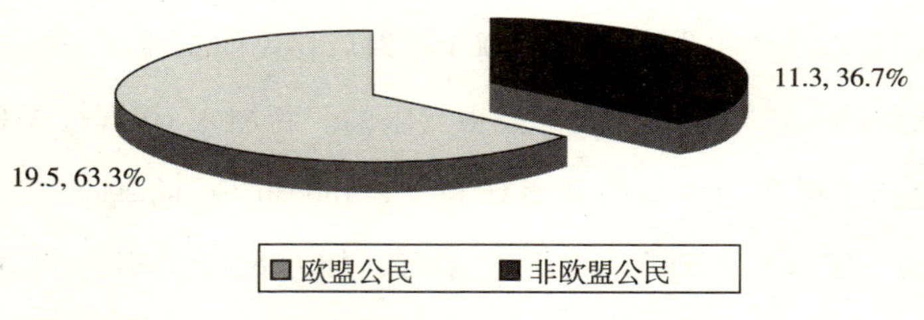

图1 2008年欧盟27国的外国人（百万）

数据来源：《数据欧洲：欧洲统计年鉴2010》。

2. 中国20世纪80年代以来的国内人口流动

在1987年之前，由于全国层面的国内人口流动数据几乎没有，相关研究也无法展开。首次将人口流动问题纳入的是1987年的1%人口抽样调查，将人口流动问题纳入人口普查则是在1990年。

中国国内的人口流动自20世纪80年代以来迅速增长。根据1987年的抽样调查，1982～1987年间，大约有3000万居民在省内或省际流动过。根据2000年的普查，研究者估计1995～2000年间省内和省际的人口流动超过1.44亿，或者说是当时总人口的12%。根据2005年的1%抽样调查，2000～2005年间增长更快，达到近1.61亿。20世纪90年代以来流动人口的增长主要是农村向城市的流动，特别流向沿海大城市和北京。而最近的数据是2008年国家统计局做的抽样调查，数据显示2008年所有的流动人口达到了2.25亿。在很多大城市，流动人口的比例超过了30%，极端例子是深圳，竟然超过了80%。

近年来，人口流动的方向呈现出了一些新变化。主要有两种类型：一类是积累了一些资本和技术的农民工返乡创业；另一类是很多农民工回到家乡到当地的工厂务工，这些工厂有些是从东部转移过来的。这都显示，中国的产业正在向中西部转移。

3. 小结

上述研究显示，欧盟人口自由流动政策的引入似乎对欧盟内部的实际人口流动没有产生很大的影响。直到最近，欧盟东扩以后，流向一些国家的人口才有明显的增加，但总体而言影响不大。但是，在中国，自20世纪80年代以来的国内人口流动规模非常巨大。这在多大程度上与户籍制度的放松有关？户籍制度只有在生活必需品供应与户口挂钩的情况下才能控制人口流动，那是80年代以前的情形。这种障碍在80年代中期就消除了。然而大规模的人口流动发生在90年代，这一时期，户籍制度变化并不大。大规模的人口流动主要是巨大的劳动力需求拉动的。当然，户籍制度仍然是人们定居的一个障碍，但劳动力需求和收入差距在很大程度上压倒了这一因素，推动了大规模人口流动。因此，从这两个案例来看，鼓励流动的人口迁移政策对实际的人口流动影响并不是很大。而收入差距是驱动人口流动的最重要原因，不管有多少障碍。

（三）流动人口的社会权利

本文在开头就强调，人的自由流动是一系列流动权利的集合。流动人口的社会权利是迁移政策的核心，这是非常重要的内容但并不容易实现。

1. 概览

根据欧洲法律，一个人如果决定行使在欧盟范围内流动的权利，其社会保护境遇不能差于他在一个单一成员国生活和工作时的情况。相关的立法包括《欧洲社会宪章》（1961 年通过，1996 年修改，其保障的具体权利参加文末附录）、《欧洲共同体工人基本社会权利宪章》（1989 年签署）①。但关于社会权利的立法一般被认为是“软法律”，而不像有关自由流动权利的立法具有约束力。

在中国，从农村地区流出的人口在 80 年代人口大规模流动早期，受到了制度性的歧视。几十年来逐渐有了改善。在全国层面，并没有立法规定流动人口的权利，只是在中央和地方层面有一些相关政府文件。在 2000 年之前，虽然人们已经能够自由地流动，但流动人口的社会权利保护十分薄弱。2000 年以后，政府对流动人口社会权利的保护开始变得积

---

① 《欧洲共同体工人基本社会权利宪章》在 1989 年 12 月 9 日由除英国之外的所有欧共体成员国签署。它既不是欧盟的约束性法案，也不是签署国之间在国际法中有约束力的条约。它只是成员国国家或政府首脑的一项严肃声明。但是它应该用于解释欧共体条约的一个辅助文本。

极。下面我来比较一下当前欧盟内部移民和中国国内流动人口[①]的社会权利（参见表3）。

表3　　欧盟和中国流动人口的社会权利

	欧盟内部移民	中国国内流动人口
就业	基本没有限制，除了不能当公务员外	基本没限制，除了在一些地区不能当地方公务员
教育	可以免费在当地接受小学和中学教育	基本实现能在当地接受免费小学和初中教育； 必须回到户籍地参加高考
医疗	就业人口：如果根据法律缴税或保险费，可以同等享受； 非就业人口：能够享受最低限度的医疗服务，其他服务则取决于该国的卫生筹资和服务模式	所有人能够免费享受疫苗接种等基本公共服务； 就业人口：如果个人和雇主共同缴纳医保费，能够同等享受其他医疗服务； 非就业人口：如果个人缴纳医保费也能享受其他医疗服务，但得不到政府对参保费的补贴
保障性住房	有同等资格享受	在大多数地区没有资格享受
失业救济	如果缴纳了保险费就可享受	如果缴纳了保险费就可享受，但很多雇主不为雇员缴纳
养老金可携带性	可携带但不是很容易	已经规定可携带，但执行不到位
社会救助	有资格享受，但“在最初定居阶段不能成为为流入国一个不合理的负担”	没有资格在居住地享受，但能在户籍地享受

表3显示的是欧盟内部移民和中国国内流动人口社会权利的大致情况比较。现实中，一些权利是有条件的，且在欧盟不同国家间和中国各地区间都是有差别的。对欧盟公民来说，一个优势是，一个人在另一个成员国居住达到5年之前就允许获得永久居住权。

通过对欧盟和中国的比较，我们看到，无论在欧盟还是中国，大多数社会权利至少在理论上是赋予了流动人口的。最大的区别是教育和保

① 指没有当地户口的人。

障性住房方面。在中国，流动人口子女有在居住地接受免费义务教育的权利，这与欧盟相似，但他们必须回到户籍地参加高考，大多数时候也只能回去读高中。原因在高考制度，目前高考并不是全国统考，有多种试卷，每个省都有录取名额配额。保障性住房方面，中国的流动人口在流入地没有享受资格，主要原因是保障性住房的供给相对流动人口规模来说太少了。

2. 挑战

欧盟和中国的决策者都同意流动人口应该有跟当地居民同样的社会权利。但在实践中，存在着不少挑战。

在欧盟最近的扩大之前，欧盟关于内部移民社会权利的挑战主要来自于协调成员国各不相同的福利和社会保护体系。但在欧盟东扩之后出现了新的挑战，一些国家采取了防守性的反应。例如德国、奥地利对来自新加入欧盟国家的公民采取了过渡性劳动力市场限制措施。一些国家则收紧了对一些移民群体的福利享受资格甚至要求遣返。例如，意大利拒绝向罗姆人（Romas，吉普赛人的一部分）提供保障性住房；法国甚至驱逐罗姆人（虽然被称为“自愿返回”）。这些是真实的挑战，还是一个认同的问题？这并不容易回答，但认同显然是一个非常重要的因素，因为移民的增长相对全部人口来说并不多。很多研究（Schierup，Carl – Ulrik，2006；Martin Baldwin – Edwards，2002；etc）显示，移民对福利体系的依赖程度并不比当地居民高。

在中国，虽然流动人口的社会权利得到了大幅度改善，但其境遇仍然差于欧盟内部移民。挑战来自于哪里呢？最大的挑战来自于福利筹资。在很多大城市，流动人口占总人口的比例超过30%，而欧盟国家外国人的平均比例为6.4%[①]，这已经包括了来自第三国的移民。在中国，地方政府（省、市、县）承担福利提供的主要责任。他们没有多少激励去为流动人口提供福利。一些基于社会保险的社会权利相对容易实现，但基于税收筹资的福利待遇（如保障性住房）则非常难实现。地方政府偏向于选择性地向技术工人、投资者提供社会福利或户口。另一个挑战是，部分超大城市担心人口过度膨胀。即使有些城市财政收入较为充裕，他们对向流动人口提供社会福利或户口也不积极，担心更多流动人口的涌入。这个与城市规划相关的因素使得问题更加复杂。

3. 小结

欧盟内部移民的社会权利总体上与当地居民是平等的，至少在理论上如此；而中国流动人口的社会权利在户籍制度——制度性的歧视下是不完整的，但近年来改善很快。中国国内流动人口社会权利的不平等突出表现在非义务教育和保障性住房方面。欧盟和中国都在保护流动人口的社会权利方面面临挑战，挑战来自认同和筹资。欧盟的挑战主要来自公民对新加入成员国公民的身份认同，而中国是在大规模流动人口情况下面临福利筹资挑战。

五、结论和政策含义

（一）结论

从经济社会视角对欧盟和中国迈向人口自由流动过程进行比较后，

① Euro Stast（http：//epp. eurostat. ec. europa. eu/portal/page/portal/product __details/publication? p __product __code = KS – SF – 10 – 045）.

我们现在可以得出一些初步结论。

第一，无论在欧盟还是中国，人口迁移政策出台的最初动机都是经济目的，但产生的社会和政治影响是深远的。欧盟从工人的自由流动政策发展为欧盟公民权。中国则形成了城乡二元结构，随之产生的户籍制度造成了不同的公民权利。

第二，人口迁移政策对实际的人口流动产生的影响并不大，收入差距和劳动力需求是推动人口流动的最重要因素。欧盟内部的移民数量一直不大，直至最近东扩以后才有了一个较快的增长。中国的人口流动规模则相当大。户籍制度的放松在最初阶段对促进人口流动产生了一些影响，但后来作用不明显。人口流动是不会被政策阻止的，只会以其他形式发生，除非国家控制生活必需品的供给。

第三，在欧盟和中国，流动人口的社会权利都得到了承认。流动人口社会权利在欧盟的实现情况比中国好，部分原因是前者的流动人口规模小且福利体系相对成熟。欧盟和中国都面临着挑战，或者是缺乏认同，或者是筹资问题。欧盟的挑战主要来自对新加入成员国公民的认同，中国则在地方层面面临筹资问题和大城市过度扩张问题。

（二）进一步讨论

本文只讨论了欧盟内部的移民，而来自第三国的移民实际上是欧盟国家移民的主体，而且更加敏感。但笔者相信，不论在一个国家内部，还是跨国但在超国家实体内或者完全独立的国家之间，人口迁移的逻辑都是一样的。这就是获得一个共同体的成员资格的过程。上述结论对更大范围的国际移民也是基本适用的。但仍有很多问题有待探究。

第一，人的自由流动到底是什么？移民只是对全球/全国不公正的一种修正，还是一种与生俱来的自主权？

第二，人的自由流动能适用到更广泛的地区甚至全球范围吗？

第三，人的自由流动政策的实施面临的真实挑战到底是什么？是筹资安排，认同，安全，还是其他？

（三）政策含义

1. 对欧盟

首先，为什么“人的自由流动”政策并没有鼓励欧盟内部的人口流动？这有很多影响因素，一个很重要的原因是欧盟国家的发展和收入相对平衡。这也能够解释为什么欧盟东扩以后出现了一个较大幅度的人口流动增长。放宽视野，我们也能理解为什么欧盟移民中有2/3是非欧盟成员国人口，虽然第三国到欧盟国家的人口迁移政策远比欧盟内部严格。对欧盟的政策含义是，人口流出国家的发展将会减少向欧盟的移民，因为当前有些国家并不欢迎移民。本文并不是说移民不是一件好事，移民确实对发展作出了贡献，但这不是发展的最终解决办法。因此，欧盟应该更加积极致力于发展援助，这不是慈善或者对发展中国家的补偿，而是为了共同利益。如果不这样做，就会以其他形式付出代价。

其次，欧盟的内部迁移政策需要与外部移民政策相协调。欧盟的公民权对欧盟成员国来说是包容的，但就非欧盟国家公民来说，则是设置了一种特权，是排斥性的。欧洲的团结不仅只针对拥有欧盟公民权的人们，而是应该包容所有在欧洲居住的人们。欧盟应该在移民的融合方面更加积极，缩小欧盟公民和在欧盟长期居住的非欧盟国家移民之间的权利差异。

2. 对中国

欧盟实现了成员国内部人口自由流动和基本实现了平等权利。这对中国处理国内人口迁移问题来说，是一个值得学习的经验，虽然背景和挑战差别很大。对流动人口的社会保护对中国来说很紧迫。学习欧盟的经验，将普惠的教育和医疗服务放在优先位置，这不仅是权利也是人力资本投资。

中国的户口在某种程度上来说像公民资格，被理所当然地视为福利资格和资源分配的管理手段。学习欧盟经验，中国可以用更合理的标准替代户口，例如收入调查方法等来分配社会资源（保障性住房、社会救助等）。为此，中国需要建立起精心设计和全国联网的社会保障信息系统，这也能从欧洲学到经验。

虽然在中国的国际移民数量还很小，但会随着中国经济发展和人口转变而增加。中国需要开始考虑和设计其国际移民政策框架，在一开始就把它做对。

3. 对全球

在全球层面并没有移民制度。欧盟关于人口自由流动的实践加深了我们对很多问题的理解和思考。国际移民制度问题应该摆上联合国和二十国集团的议事日程了。但首先得有扎实的研究。虽然有很多关于移民规模以及如何管理的研究，但很少有关于理想或公平的国际移民制度应该是怎样的等规范性讨论。虽然移民问题在今天非常政治化和感情化，研究者还是应该进行客观和严肃的研究，而不是像政客一样讨论如何控制移民。本文对移民的全球治理问题，提出的问题多于解决办法。移民是对全球不公正的修正还是个人的自主权？欧盟层面的人口自由流动在其他地区甚至在全球层面是否可能？发展对移民的影响是什么，而不是仅仅问移民对发展的影响是什么？等等。这些都有待进一步的深入研究予以回答。

附表　《欧洲社会宪章》保障的权利

住房	住宅建设要与家庭需求相一致； 减少无家可归的人口； 普遍保障体面的、可支付得起的居所； 外国人享有同等的保障性住房权利
医疗	所有人口可利用医疗服务设施； 有预防疾病的政策，特别是保障卫生的环境； 消除职业危险，在法律和实践中保证卫生和安全的工作环境
教育	禁止使用20岁以下的童工； 免费的小学和中学教育； 免费的职业指导服务； 职业培训； 只根据成绩和能力选拔大学等高等教育学生
就业	有经济和社会政策保证充分就业； 每个人有通过自由择业来谋生的权利； 在薪酬和工作时间等方面有公平的工作条件； 采取行动防治性骚扰和心理骚扰； 禁止强迫劳动； 允许自由组织工会和雇主组织以保卫经济和社会利益；个人有自由选择加入或不加入； 鼓励劳资协商，集体谈判，调解和自愿仲裁； 有罢工的权利
社会保护	有权利享有社会保障，社会福利和社会服务； 有权利受到免于贫困和社会排斥的保护； 为家庭和老人提供特殊保护
人的流动	简化对欧洲工人的移民手续； 有家庭团聚的权利； 非驻留的外国人有接受紧急援助的权利，直至被遣送回国； 若被驱逐享有程序性保护
非歧视	妇女在就业方面与男子享有同等的对待和同等的机会； 保证宪章中列举的所有权利适用于所有人，不论种族、性别、年龄、肤色、语言、宗教信仰、观点、来源国、社会背景、健康状况或与少数民族的关系

参考文献

[1] Boswell, Christina (2003), European Migration Policies in Flux: Changing Patterns of Inclusion and Exclusion, Oxford: Blackwell

[2] Brücker, H./A. Damelang (2009), Labour Mobility within the EU in the Context of Enlargement and the Functioning of the Transitional Arrangements. Analysis of the Scale, Direction and Structure of Labour Mobility. Deliverable 2. IAB, Nürnberg

[3] European Commission (2006a), Report on the Functioning of Transitional Arrangements set out in the 2003 Accession Treaty (period 1 May 2004 - 30 April 2006). Communication from the Commission to the Council, the European Parliament, the European Economic and Social Committee and the Committee of the Regions. Brussels, 8 February 2006

[4] European Commission (2006b), Enlargement Two Years After: An Economic Evaluation, European Economy. Directorate - General for Economic and Financial Affairs, Occasional Paper No. 24. Brussels, 3 May 2006

[5] European Commission (2008a), The Impact of Free Movement of Workers in the Context of EU Enlargement, Report on the first phase (1 January 2007 - 31 December 2008) of the Transitional Arrangements set out in the 2005 Accession Treaty and as requested according to the Transitional Arrangements set out in the 2003 Accession Treaty. Communication from the Commission to the European Parliament, the Council, theEuropean Economic and Social Committee and the Committee of the Regions. Brussels, 18 November 2008

[6] European Commission (2008b), Employment in Europe, Chapter 3: Geographical labour mobility in the context of EU enlargement. Directorate-General for Employment, Social Affairs and Equal Opportunities. Office for Official Publications of the European Communities. Luxembourg, October 2008

[7] Galgoczi, Bela., Leschke, Janine., Watt, Andrew (eds, 2009), EU Labour Migration since Enlargement: Trends, Impacts and Policies, Farnham, Surrey; Burlington, VT: Ashgate

[8] Guild, Elspeth (1999), The Legal Framework and Social Consequences of Free Movement of Persons in the European Union, The Hague, Boston: Kluwer Law International

[9] Hantrais, Linda. (1995), Social Policy in the European Union, Basingstoke: Macmillan

[10] Martin Baldwin - Edwards (2002), Immigration and the Welfare State: A European Challenge to American Mythology, www. mmo. gr/pdf/publications/mmo _working. . . /MMO _WP4. pdf

[11] Schierup, Carl-Ulrik. , Hansen, Peo. , Castles, Stephen (2006), Migration, Citizenship, and the European welfare state : a European dilemma, Oxford : Oxford University Press, 2006

[12] Shuming Bao, ? rn B. Bodvarsson, Jack W. Hou, Yaohui Zhao (2008), "The Deregulation of People Flows in China: Did the Structure of Migration Change?", Paper presented at the Chinese Economists Society (CES) conference in Tianjin, China, April 18 - 20, 2008, www. stcloudstate. edu/economics/documents/CES2008Paper. pdf

[13] Rainer Baubock (2009), "Global Justice, Freedom of Movement and Democratic Citizenship", European Journal of Sociology (2009), 50: 1 - 31 Cambridge University Press

[14] Wang, Fei - Ling (2005), Organizing through Division and Exclusion: China's Hukou System, Stanford, Calif. : Stanford University Press

[15] Wang, Liejun (2010), "Lessons from Previous Hukou System Reforms and Proposed Overall Framework for Further Reform" (Huji Zhidu Gaige de Jingyan Jiaoxun he Xiayibu Gaige de Zongti Silu), Jiangsu Social Sciences (Jiangsu Shehui Kexue), Issue 2

[16] 蔡昉．转型中的中国城市发展——城市级层结构、融资能力与迁移政策．经济研究，2003 (6)

[17] 林毅夫，蔡昉，李周．中国的奇迹：发展战略与经济改革．上海：上海三联书店，1996

[18] 王列军，贡森．户籍制度改革的经验教训和出路．国务院发展研究中心调查研究报告 2010 年第 50 号